KB265365

시간아,
멈추어라

이 책을 돌아가신 부모님께 바칩니다.

천경득 수상록 I

시간아, 멈추어라

천경득 지음

도서출판 | 동인

여기에 모아 놓은 글들은 대부분 길이가 짧다. 나의 글들이 길지 않고 짧은 이유가 있다. 길게 늘여 쓴 글은 은연중에 주제가 모호하고 산만해지는 경향이 있는 반면에, 짧은 글은 주제를 명료하게 전달 할 수 있는 장점이 있기 때문이다.

일반적으로 독자들은 내용이 긴 글을 읽는 동안 많은 인내심을 필요로 한다. 그 뿐만 아니라 글을 읽고 난 후에도 많은 내용들을 모두 다 기억하기도 어렵다. 단숨에 읽지 못하는 글은 읽다가 지루해져서 싫증이 나며, 읽으면서 느꼈던 감흥도 점차 사그라진다.

시(詩)는 왜 오랫동안 독자에게 깊은 감흥의 여운을 남기는가? 그 이유는 시(詩)가 짧기 때문이다. 글의 내용이 많으면 자연히 지엽적인 글로 분산되는 경향이 있어 독자가 읽으면서 느낀 감동도 점점 감소된다. 금방 솥에서 퍼내어 김이 모락모락 나는 뜨거운 밥이 식어버린 찬밥보다 감칠맛이 나듯이, 수필도 쉬었다가 읽지 않고 한 번에 읽을 수 있어야 효과적이다. 그래야 독자에게 감흥을 지속시켜 오래도록 감동의 물결을 일게 한다.

보들레르를 비롯하여 말라르메, 발레리 등 프랑스 상징파 시인들이 에드가 알란 포우를 깊은 존경심으로 흠모한 것도 포우의 짧은 작품에 나타난 '효과의 통일성' 때문이었다. 그러므로 글을 읽다가 책갈피를 끼워둔다 거나, 책장의 모서리를 접어놓은 수필은 독자에게 어떤 감동도 효과의 통일성도 주지 못한 책으로 인정될 수 있다.

여기에 꿰어 놓은 60편의 글들은 내가 평소에 자연에 대해서 느낀 것들과 나의 생활 주변에서 일어났던 일들 그리고 내 인생의 삶에 대해서 생각했던 것들을 모아서 다양한 주제로 써 놓은 것들이다. 어린 시절부터 오늘에 이르기까지 내가 살아온 삶을 여기에 숨김없이 독백을 하고 보니, 마치 내가 나목(裸木)이 되어 허허 벌판에 서 있는 것 같다.

물론 나의 글에는 어떤 현란한 문학적 수사나 심오한 지성은 들어 있지 않지만, 내가 늘 마음속에 간직해 두었던 나의 내면의 이야기를 친한 친구에게 보내는 마음의 편지와 같으며, 은밀히 숨겨둔 일기와도 같다.

끝으로 이 글의 첫 번째 독자이며 옛 추억으로의 여행에 동반자가 되어준 아내와 바쁜 시간을 내어 원고 교정을 꼼꼼하게 본 큰 딸에게 고마움을 보낸다.

2007년 5월
관악산 기슭에서, 권경득

|차 례|

제 3 부 생활

제 4부 삶

1. 봄비

요즘 변덕스런 봄 날씨 때문에 낙성대 길가에 있는 산수유의 꽃망울 사이로 눈보라가 휘날렸다. 가만히 조심스럽게 꽃봉오리를 틔우려던 관악산 진달래도 화들짝 놀라 꽃잎을 닫았다.

다행이도 오늘은 얼어붙었던 땅에 봄비가 내린디. 새벽부터 봄비가 부슬 부슬 내린다. 쉬지 않고 내리는 봄비에 겨울 내내 깊은 잠에 취해있던 땅이 서서히 깨어나기 시작한다.

자연의 순환은 변함이 없다. 봄이 성큼 성큼 걸어오는 발자국 소리가 들리는 듯하다. 겨울이 오면 봄은 머지않으리란 말처럼, 겨울엔 봄을 생각하고 봄엔 여름을 그려본다.

봄에는 여기저기서 겨울에 움츠리고 있던 생명체에 생동감이 돈다. 겨울잠에서 깨어나는 것은 개구리뿐만이 아니다. 엄동설한에 땅속에서 숨을 죽이고 있던 수선화도 수줍은 듯 고개를 내민다. 사람도 봄이 되면 마음이 분주해진다. 무엇인가 새로 시작하고 싶다. 새로운 희망과 꿈을 그리고 싶다. 이런 것들은 봄이 우리에게 주는 선물이다.

오늘처럼 봄비가 내리는 날이면 나는 호수 가에 가고 싶다. 산허리를 휘감아 도는 강가도 가고 싶다. 몇 년 전이었다. 나는 우연히 비오는 날에 전주 덕진 연못에 가서 무성하게 자라고 있는 연잎을 구경했다. 어린 시절에 비가 오면 우산 대신에 모자로 썼던 연잎이 생각났다. 그런 상념에 잠겨서 한참동안 연잎을 바라보고 있다가 나는 빗방울이 연잎 속에서 물방울 구슬이 되어 또르르 말려서 굴러 떨어지는 것을 보았다. 연잎을 한참동안 보고 있노라니 연잎은 마치 투명한 아름다운 큰 구술을 미련 없이 버리고 또 버린다. 구술을 욕심껏 소유하지 않고 적당한 양이 되면 비우는 연잎을 보니 불교에서 말하는 무욕(無慾)이 연상되었다.

봄비가 연출하는 분위기는 대체로 과거 회귀적이다. 봄비와 함께 흘러간 팝 뮤직이라도 흐르면 자기도 모르게 과거로의 여행에 빠져든다. 젊은 날의 회상은 언제나 아름답게 채색되어 나타난다. 돌아 갈수 없는 과거의 향수는 봄비를 타고 우리의 마음을 촉촉이 적신다.

어제가 경칩이었는데 아침에 내리던 비가 오후가 되니, 때 아닌 함박눈이 되어 세찬 바람과 함께 내린다. 낙성대길 꽃집 앞에 내 놓았던 화분들도 다시 하우스 안으로 들어가 버렸다. 서울 날씨와는 달리 제주도에는 벚꽃이 만발했고, 남도에는 꽃 잔치가 시작되었다고 한다. 광양에는 벌써 매화가 피어나

벌이 붕붕 날아다니고, 구례에는 계곡 따라 오르내리는 노란 안개 같은 산수유 꽃이 노래를 부른다고 한다.

문득 모든 것을 뒤로 미루고 남쪽으로 떠나고 싶다. 아니면 전주 근교에 있는 구억물로 내려가서 앞마당에서 꽃망울 터지는 소리라도 듣고 싶다. 이른 봄이면 밤마다 살금살금 동네를 산책한다는 담장 옆에 있는 매화향도 맡고 싶다. 이른 아침에 창문을 열면 찬 새벽 공기를 타고 들어오는 꽃향기도 들이키고 싶다. 점심때에는 한 상 가득 올라온 봄나물의 향연도 즐기고 싶다.

꽃샘추위와 함께 봄비가 내리면 얼어붙었던 대지가 서서히 녹으면서 산비탈에서 서성거리는 매화 향을 산 아래로 등을 떠밀 것이다. 그윽한 자연의 향기는 언제 맡아도 늘 향기롭다.

2. 이른 봄

춘 삼월인데 아직도 겨울의 잔해가 산 아래에 보인다. 창문을 열고 밖을 내다보니 잔뜩 이맛살을 찌푸리고 있는 봄 날씨의 인상이 험악하다.

아침때와는 달리 한 낮이 되면 봄기운이 완연하다. 금방이라도 맨발로 뛰어나가 막 갈아엎은 밭고랑의 부드러운 흙을 밟으며 포근한 촉감을 느끼고 싶다. 발아래서 느끼는 흙의 촉감은 상상만 해도 너무나 부드럽고 포근할 것 같다.

한낮의 따뜻한 봄날이 봄꽃을 재촉하는듯하다. 매화와 산수유가 알려오는 봄을 생각하니 벌써부터 마음이 설렌다. 우리 집 담장 옆에 서있는 매화나무의 꽃이 만발하면, 뒷동산에서는 소쩍새가 목이 쉬게 울어댄다. 우리 시골집의 봄은 이렇게 온다.

오늘은 날이 하도 따사로워서 겨울 내내 처마 밑에 웅크리고 있던 벤치를 반송나무 아래로 옮겨 놓았다. 마당의 인도

불룩 옆을 지나오니 수선화가 살며시 고개를 들며 수줍게 인사를 한다.

몇 일전에 봄비가 드문드문 내려서인지 뒷동산의 참나무들이 서서히 겨울잠에서 깨어나고 있다. 나뭇가지 마다 연두색의 새잎이 돋아나고 있다. 나뭇가지에 앉은 새들도 재잘거리며 오는 봄을 반긴다.

나는 뒷동산에 오를 때 마다 자연의 교훈을 배운다. 자연은 우리에게 아낌없이 모든 것을 준다. 나물과 열매 등 온갖 먹을거리는 말 할 것도 없고, 약초와 재목과 신선한 공기까지 준다. 이런 고마운 자연으로부터 우리는 엄청난 은혜를 입고 살면서도 그 은공을 모른다. 살아서 은공을 다 갚지도 못하고 마지막엔 자연의 품속으로 돌아가니 자연에 신세진 것을 어찌 다 갚을 길이 있겠는가. 은공을 갚기는커녕 훼손이나 하지 말았으면 좋겠다. 이처럼 우리는 자연을 떠나서 살아갈 수가 없다. 한 평생을 흙에 씨를 뿌리고 가꾸어서 먹고 사니 자연은 우리 생명의 원천이다.

봄은 생명을 알리는 계절이다. 봄이 되면 겨울 동안 무관심했던 흙에 다시 생명의 씨를 뿌리고 희망을 가꾼다. 봄이 오면 우리는 생명의 소리를 들으며 자연의 경이로움 앞에 숙연해진다.

3. 벚꽃

　이 세상에서 가장 시적(詩的)인 꽃이 있다면 그것은 당연 벚꽃이다. 벚꽃은 한 순간에 활짝 피었다 한 순간에 송두리째 져버리기 때문이다. 이 얼마나 멋진 꽃인가 ! 벚꽃이 일본 국화(國花)라고 어떤 편견을 가지고 본다면 편협한 마음이다. 알고 보면 벚꽃은 제주도가 원산지라고 한다. 꽃은 꽃으로 감상해야한다.

　벚꽃은 잎 파리가 나오기도 전에 꽃이 일제히 피었다가 한 번에 확 지고나면 잎이 나오기 시작한다. 파란 잎이 돋아나기 전에, 온 나무에 하얀 꽃이 피면, 마치 한 덩어리의 큰 눈꽃송이가 된다. 벚꽃이 지고 나면, 벚나무 아래는 하얀 눈으로 덮인다. 화창한 봄날에 나무에 핀 하얀 눈꽃을 보고, 땅에 소복이 내린 하얀 눈밭을 본다는 것은 아름다움의 극치다.

　벚꽃은 흔히 사무라이 꽃이라고 한다. 끊고 맺음이 단호하고 뒤 끝이 깨끗하기 때문에 무사도를 상징한다고 한다. 사랑하고 헤어지는 것도 구차스럽게 울며불며 붙잡는 것이 아니라, 아무 미련도 남겨둠이 없이 뒤돌아보지 않고 가는 깨끗한 끝맺음이 있어 무사도의 꽃이라고 한다.

일본인들은 벚꽃이 일시에 낙화하는 모습 속에서 아름다운 청춘의 덧없음을 본다. 벚꽃 속에서 인생의 무상함을 보며, 봄의 절정 속에서 가을 느낀다. 이것이 일본인의 정서다.

벚꽃은 꽃잎 하나하나를 따로 분리해서 보기보다는 한 덩어리의 집단으로 무리지어서 보아야 아름다운 꽃이다. 다시 말하면 집단미의 표본이다. 이것이 일본의 감상적인 집단주의로 발전하여 군국주의의 광기(狂氣)로 흐르게 되었는지 모른다.

같은 섬나라인데도 영국인이 보는 벚꽃은 또 다른 정서를 표현하고 있다. 영국의 시인 A. E. 하우스맨(A. E. Housman)은 벚꽃의 아름다음을 <가장 아름다운 나무> (Loveliest of Trees)란 시(詩)에서 이렇게 표현하고 있다.

가장 아름다운 나무, 벚나무가
지금 가지마다 꽃이 피어 있네.
하얀 부활절의 옷을 입고서
숲 속에 서 있네.

칠십 나이에서 지금
스무 살은 다시 오지 않으리.
칠십의 봄에서 스물을 빼면
겨우 오십 밖에 남지 않네.

그러니 만발한 벚꽃나무를 보기엔
오십은 너무 부족하네.
눈 덮인 벚나무를 보러
난 숲속으로 가네.

시인은 하얀 눈꽃처럼 피어있는 벚꽃을 보고서, 부활절 때 하얗게 소복을 하고 교회에 가는 여인의 모습을 떠 올린다. 우리는 여기서 하얀 벚꽃과 연관된 시인의 종교적 정서를 엿볼 수 있다.

그리고 스무 살의 청년이 칠십의 나이까지 자신만만하게 살 것을 장담을 하고서, 앞으로 이 아름다운 벚꽃을 50번밖에 보지 못하는 것을 못내 아쉬워하는 모습에서 서양인의 산술적이고 이성적인 마음이 드러나 보인다.

꽃은 꽃 그 자체로 그냥 아름다움을 감상하면 된다. 그런데 이에 자꾸만 어떤 특별한 의미를 부여하는 것은 꽃에 대한 잘 못된 인식이다. 꽃은 보는 이로 하여금 기쁨을 주기도 하고, 슬픔을 주기도 한다. 꽃은 보는 자의 주관적 해석에 따라 다르게 나타나기 때문이다.

꽃이 아름다운 것은 그것이 영원하지 않기 때문이다. 꽃 중에서도 특히 벚꽃은 한 순간에 피고 지기 때문에 더욱 시(詩)적인 아름다움의 극치를 선사해 준다.

4. 장마비

밤부터 비가 주룩주룩 내리고 있다. 잠시 쉬는 새도 없이 줄기차게 내리는 것을 보니 하루 이틀 만에 갤 비가 아닌 것 같다. 오늘 아침에 일어나 보니 비가 좀 가늘어 졌다. 밤새 천둥치며 장대비로 무섭게 내리던 기세와는 달리 많이 온순해 졌다.

장마 비에 마당의 잔디도 푸릇푸릇 생기가 넘친다. 정원의 나뭇잎들도 가뭄 때 뒤집어썼던 먼지를 깨끗이 목욕하고 싱싱함을 자랑한다.

우리 집 정원에는 자랑할 만한 나무가 하나 있다. 호랑가시나무다. 수령이 약 60년쯤 된 삼단 원형으로 수형이 잘 생긴 작품이다. 바람과 함께 장마 바가 쏟아지면 호랑가시나무는 그 엄청난 체구를 좌우로 흔들며 웅장한 모습을 자랑한다.

내가 미국 달라스에 있을 때, 정자나무처럼 큰 호랑가시나무는 보았어도 우리 집에 있는 호랑가시나무처럼 수형이 잘 생긴 나무는 보지 못했다.

장마 비가 그치면 호랑가시나무 잎은 어찌나 윤기가 반들거리는지 꼭 참기름을 발라 놓은 듯하다. 비가 그치면 새순이 무성하게 나와서, 맨 아랫단의 스커트 자락은 땅바닥을 질질 끌며 잔디밭을 점점 덮어오고 있다. 이젠 그만 크라고 할 수도 없고, 어떻게 하면 성장을 멈추게 할 수 있을까 걱정이다. 자연의 섭리를 거역할 수도 없는 일이 아닌가.

호랑가시나무 옆에는 백목련과 태산목이 자리 잡고 있다. 백목련은 아직 겨울의 늦추위가 가시기전, 이른 봄에 피기 때문에 운이 좋아야 만개된 꽃을 질 때 까지 볼 수 있다. 거의 대부분의 경우는 꽃이 피자마자 찬 서리가 내려 꽃잎을 망가뜨려 놓는다.

이에 반해서 태산목은 초여름에 꽃을 피우니 여유가 있다. 태산목의 꽃은 상아 빛깔처럼 은은하고 꽃잎도 제법 크다. 이 상아 빛깔의 고상한 꽃송이가 윤기 나는 커다란 잎 파리 사이에서 얼굴을 내밀면 그 향기가 온 마당에 그윽하다.

그런데 이를 시샘하는 장마 비가 쏟아지면 꽃잎은 하나 둘씩 낙화하면서 그 향기도 사라진다. 올 여름엔 사나운 장마 비가 해고지하지 말고 비켜갔으면 좋겠다.

어느새 장마 비가 그치고 나니 선들 바람이 불어오고 하늘엔 하얀 솜털 구름이 걸려있다. 온 산과 들이 개운하게 목욕이라도 한 듯하다. 장마 비에 어디론가 피신했던 새들도 감나무 가지로 날아와서 재잘거리고, 매미와 쓰르라미도 몇 일 간 쉬었던 목청을 힘껏 자랑한다. 생명력이 넘치는 소리가 여기저기서 귀가에 들리는듯하다.

5. 도라지꽃

　여름철 장마가 지루하게 계속되더니 온 집안이 눅눅하고 다습하다. 방안에만 있으니 짜증이 나서 마루에 나와 쏟아지는 비를 원망스럽게 바라보았다.

　마당에 빗물이 흘러가는 것을 보다가 우연히 마당 한쪽에 무더기로 피어 있는 도라지꽃들을 보았다. 짙은 보랏빛 색깔을 자랑하며 하늘을 향해 꼿꼿하게 서있던 도라지꽃들이 휘몰아치는 장대비에 허리가 꺾여 있었다. 비바람 속에서 고개를 숙이고 흔들거리는 도라지꽃들을 보니 안쓰러웠다.

　나는 눅눅한 방바닥을 건조시키기 위해서 보일러 온도를 높였다. 한 참을 있으니 방바닥이 뜨끈뜨끈해 졌다. 밀 창을 열어 놓고 쏟아지는 비 구경을 하고 있으니 비를 쫄쫄 맞은 참새 한 마리가 처마 밑으로 날아든다. 참새는 고개를 갸우뚱거리며 집주인의 눈치를 본다. 그래 참새야, 괜찮다, 마음 놓고 잠시 비를 피했다가 가거라. 나는 불안해하는 참새의 눈을 일부러 피해서 마루를 바라보았다.

바람이 이리 저리 방향을 바꾸어 불어대니 비가 마루까지 흥건히 뿌린다. 여름이 오면 장마가 있기 마련인데 그것을 탓한들 무슨 소용이 있겠는가. 언젠가 장마가 그치면 해가 뜨겠지. 그때에 허리 꺾인 도라지꽃들에 지주 막대기를 세워 주야겠다고 마음먹었다.

여름철이 되면 앞마당, 뒷마당에 소담스럽게 무리지어 자라는 도라지꽃들이 보기 좋다. 산들바람이라도 불면 도라지꽃들은 싱싱한 보라 빛을 자랑하며 하늘거린다. 이리 흔들 저리 흔들거리며 군무(群舞)를 추는 도라지꽃들을 보고 있노라면 내가 마치 심심산천 두메산골에 있는 것 같은 착각이 든다.

내가 일부러 배색(配色)을 한 것도 아닌데 보라색 꽃과 하얀색 꽃이 적당하게 어울러져 한 폭의 수채화가 된 도라지 꽃밭이 너무도 아름답다.

꽃은 신이 내린 선물인 것 같다. 꽃은 우리 인간에게 기쁨을 주고, 웃음을 주고, 사랑을 선물한다.

6. 가을 구름

　보들레르의 산문시 <에트랑제>는 너는 어느 누구를 가장 사랑 하는가 로부터 시작된다. 이 에트랑제 ---이방인이 사랑 하는 것은 저 흘러가는 구름-- 저편으로 흘러가기만 하는 가을 구름이라는 말로 시는 끝난다.

　여름에 피어오르는 뭉게구름과는 달리 가을 구름은 가로로 기다랗게 뻗혀 있는 비단구름이다. 그래서 가을구름은 서둘러 부산하게 지나간다. 파란 하늘에 엷은 흰색물감으로 비백(飛白)의 붓질을 한 가을 구름을 바라보고 있노라면, 가히 시경(詩境)에 몰입하게 된다.

　가을하늘에 구름이 없다면 얼마나 삭막할까? 파란하늘에 몽실몽실 피어오르는 솜털구름은 하늘로 올라가 손으로 만져보고 싶은 충동을 느끼게 하고, 간간히 파란색이 보이는 새털구름은 화가가 아니라도 화폭에 담고 싶은 충동을 느낀다. 그래서 화가나 사진작가는 이런 아름다운 풍경을 절대로 놓치지 않는다.

여름에는 그림자가 엷으나, 가을엔 그림자가 짙다. 그래서 그리운 사람이 더욱 그리워지는 계절이 가을이다. 그리움이 사무치는 가을에 우리를 더욱 감상에 젖어들게 하는 것은 석양의 가을 구름이다. 황혼 무렵에 붉게 물든 가을 구름은 바라다보는 사람에 따라 눈물이 나오기도 하고, 황홀지경에 빠지도록 아름답기도 하다.

가을구름은 특히 이런 가을의 풍경 때문에 이별하는 사람들에게 잊지 못할 상처를 주기도 한다. 그래서 떠나는 이를 사뭇 못 견디게 후회하게 만들어 발걸음을 붙잡아 둔다. 그러므로 이별은 절대로 가을에 해서는 안 된다. 아마도 가을 구름은 우리들의 정서 유전형질에 진한 감상적 색소를 덧칠해 주는 어떤 것이 있는 것 같다.

오늘이 모기가 들어가고 귀뚜라미가 나온다는 처서(處暑)다. 처서는 땅에서는 귀뚜라미 등에 업혀서 온나고 하고, 하늘에서는 구름을 타고 온다고 한다. 처서 무렵에 부는 서늘한 산들바람은 하늘에 하얀 비단구름을 펼쳐놓는다. 가을 구름은 여름 구름과는 다르다. 여름에는 비가 올려나 하고 눈을 흘기며 바라보던 먹구름을, 가을엔 파란 하늘에 걸려있는 하얀 구름을 사색에 잠겨 바라본다.

파란 가을 하늘에 펼쳐있는 비단구름을 한참 보고 있노라면 엷은 하얀 구름은 무엇이 그리 바쁜지 서둘러 서쪽하늘로 급히 줄달음친다. 서쪽하늘 저 편으로 부산하게 흘러가는 가을 구름처럼 우리의 인생도 뒤돌아보는 여유도 없이 서둘러간다.

이제 더 이상 가을 구름의 감상(感傷)에 젖지 말고 새로운 내일을 준비하기 위해 자리를 털고 일어나야겠다. 서늘한 가을바람에 마음을 새롭게 가다듬고서, 지금 이 순간을 내 인생의 최고의 순간으로 만들기 위하여 최선을 다해야겠다.

7. 가을밤

여름 내내 장마 비가 그칠 줄 모르고 내리다가 비가 그치니 제법 아침저녁으로 차가운 기운이 감돈다. 이제 가을의 문턱을 막 넘어 선 것 같다. 이 선선해진 계절에 나는 홀가분한 마음으로 버스에 몸을 싣고 부연 안개 같은 서울의 연무를 뒤로 떨쳐 버리며 고속도로를 질주하여 전주 교외에 있는 시골 십으로 내려 왔다.

시골집에오니 우선 마음부터가 편안하고 여유롭다. 서둘러 저녁을 먹고 마당으로 나왔다. 서늘한 바람이 얼굴을 스치고 지나간다. 마당의 잔디밭에 놓인 벤치에 앉으니 소나무, 호랑가시나무, 태산목에서 풍기는 나무향기가 코끝에 스며든다.

초가을의 밤은 금방 어두워진다. 주위가 점점 캄캄 해진다. 벤치에 앉아 고개를 들어 밤하늘을 바라보니 차디찬 가을밤의 냉기 속에 달이 휘영청 떠 있다. 달은 헤아릴 수 없이 많은 별들이 떠있는 넓은 바다 위를 항해하고 있다. 한참동안

달과 별들을 바라보고 있노라니 내 마음도 맑고 깨끗해진다. 가을밤의 이런 정취는 도시에서 느끼지 못하는 시골만의 맛이다.

시골은 낮 보다는 밤이 더 좋다. 시골의 밤은 풀벌레 소리와 함께 조용히 사색의 시간을 즐길 수 있는 여유가 있다. 나에게 이런 시골집이 있다는 것이 얼마나 행복한지 모른다. 특히 오늘 밤처럼 달님이 환하게 웃으며 빛을 발산하는 밤에는 더욱 좋다. 이런 달밤에는 나는 도저히 방안에 앉아있지 못하고 마루 끝에 나와 앉거나, 마루에 모로 누어서 수많은 별들이 흩뿌려진 밤하늘을 바라본다. 좀 더 보고 싶으면 마당에 있는 평상에 누어 팔베개를 하고서 차가운 밤하늘을 마음껏 응시하며 사색의 항해를 한다.

나는 어떤 존재인가? 나는 무엇을 위해 사는가? 이런 철학적 사유에 깊이 몰입하게 되는 것도 가을밤이 주는 선물이다. 가을은 많은 것들을 생각나도록 한다. 지난 일들과 앞으로 다가 올 일들이 차분하게 마음속에 떠오르게 하는 것도 가을밤이 있어서이다.

가을이 되면 나무들은 여름 내내 겹겹이 걸치고 있었던 무거운 옷들을 하나씩 벗기 시작한다. 너무 오랫동안 입었던 청록색의 옷은 이젠 퇴색된 갈색 옷이 되어 발아래 이리 저리 뒹굴고 있다. 여름 내내 입었던 무거운 옷들을 가을의 나무들은 아낌없이 다 버리고 나목이 되어 서 있다.

무엇인가를 소유한다는 것은 즐거움이다. 그러나 소유에

는 항상 고민과 고통이 수반된다. 가진 것을 잃지 않으려는 조바심은 늘 가진 자의 괴로움이다. 그러나 가을의 나무들은 아무런 미련도 없이 가진 것을 모두 버리고 겨울을 향해 발걸음을 재촉한다.

그래서 나는 비운 마음으로 홀가분하게 떠나는 가을의 나무들이 좋고, 이런 것들을 생각나게 하는 가을밤이 좋다. 오늘밤에도 나는 홀로 마당에 나와 밤바다에 떠 있는 수많은 별 숲을 헤치고, 나 홀로 노를 저으며 사색의 항해를 즐긴다.

가을밤은 무더운 여름밤에는 경험할 수 없는 맑은 영혼의 소리에 귀를 기울이게 하며, 우리 영혼에 묻은 세속의 찌든 때를 깨끗이 씻어 준다. 우리가 이처럼 맑은 사색의 시간을 가질 수 있고, 깊은 명상에 잠길 수 있는 것도 가을밤이 있어서이다.

가을밤, 그렇다 가을밤은 분명 신이 우리에게 내린 선물이다.

8. 까치밥

늦가을이나 초겨울에 인적이 드문 산을 오르다 보면, 감나무 가지 끝에 따지 않은 붉은 감이 주렁주렁 매달려 있는 것을 보게 된다. 그런 감나무는 숲이 우거진 산과 더불어 한 폭의 아름다운 동양화가 된다. 게다가 땅 바닥에 눈이라도 내려와 앉아있으면 그 아름다운 풍경은 입에서 절로 탄성이 나올 정도다.

옛날에는 먹을 것이 귀해서 눈이 오기도전에 두메산골에 있는 임자 없는 감들을 몽땅 따가 버렸는데, 요즘은 모두가 여유가 있어서 그런지, 어느 누구도 산골짜기에 있는 감을 거들떠보지도 않는다. 그래서 자연 상태로 남아 있는 감이 산골의 풍경을 더 아름답게 만든다.

감은 예로부터 우리와 친숙한 과일이다. 어느 시골집이나 집 마당의 담장 둘레에는 감나무가 몇 그루씩 심어져 있다. 우리네 조상들은 사과나무나 배나무보다 감나무를 울안에 심기를 좋아했다. 익은 감은 가을의 찬바람에 말려서 곶감으로 만들어 가지고, 겨울 내내 먹기도 하는 우리의 전통 과일이다.

마을 마다 흔하게 볼 수 있는 참새들도 감나무에 앉아 재잘거리고, 이따금씩 까치가 감나무에 앉아서 울기도 한다. 아침부터 까치가 울면 반가운 손님이 찾아 올 거라고 은근히 기다리기도 한다.

우리 시골집에는 울안이 좀 넓어서 감나무가 일곱 그루나 있다. 근래에 품종이 다른 감나무를 심어 놓은 것까지 합하면 모두 아홉 개나 된다. 몇 년 전 까지만 하더라도 감이 주렁주렁 열리더니, 요즘엔 해 갈이를 하는지 예전같이 열리지 않는다.

나는 감을 하나도 따지 않고 눈이 내릴 때 까지 나무에 그대로 두고 본다. 겨울눈이 내릴 때, 붉은 감이 나무에 매달려 눈을 맞고 있는 것을 보노라면 너무도 아름답다. 붉은 감위로 눈이 내려앉은 풍경은 정말 한 폭의 그림이다.

그런데 요즘 이 아름다운 나의 정원에 문제가 생겼다. 추운 겨울 어느 날, 먹을 것을 찾아 날아온 까치들이 감을 쪼아 먹기 시작한 것이다.

붉은 감은 찢어지고, 흩어져버리더니 보기 흉하게 걸레 조각이 되어 버렸다. 내가 그렇게 애지중지 감상하던 아름다운 겨울 풍경화는 완전히 흉한 모습이 되어 버렸다. 나는 감을 갈기갈기 찢어서 먹어 치우는 까치가 몹시 미웠다.

1960년 늦가을, 조선일보의 초빙으로 펄벅 여사 (노벨문학 수상 작가)가 한국을 처음으로 방문한 적이 있었다. 경주를 여행하던 중에 차안에서 바깥을 내다보며 구경을 하던 펄벅 여사가 감나무 끝에 매달려 있는 몇 개의 감을 보았다. 여사는 '따기 힘들어서 그냥 두는 거냐?' 라고 옆 사람에게 물었다. 수행하던 기자가 '까치밥이라 해서 겨울새를 위해 남겨둔 것입니다.' 라고 설명하자 '바로 그 것이야. 내가 한국에 와서 보고자 했던 것은 고적이나 왕릉이 아니었어요. 이것 하나만으로도 나는 한국에 잘 왔다고 생각해요.'라고 탄성을 내질렀다고 한다.

그러나 우리 집 마당의 감나무 가지마다 무성하게 매달려 있는 붉은 감들은 그런 까치밥이 아니라, 나의 겨울 정원을 아름답게 꾸며주는 풍경화다. 겨울에 함박눈이 펑펑 내리면 하얀 눈 모자를 쓰고 있는 붉은 감들은, 보는 이의 마음을 얼마나 즐겁게 해주는지 모른다. 한 낮이 되어 내린 눈이 다 녹아버리면, 붉은 감들은 눈 모자를 벗고 나에게 인사를 한다.

이런 내 마음을 이해하지 못하고 나의 풍경화를 엉망으로 만드는 까치는 이젠 나에겐 길조가 아니라 내 마음에 상처를 주는 공포의 존재다.

9. 겨울 눈

이른 아침에 창문을 열고 밖을 내다보니 온 세상이 하얗다. 겨울눈은 밤새 발자국 소리도 내지 않고 조용히 도둑처럼 찾아 왔다. 하얀 눈으로 덮인 나무들은 마치 하얀 옷으로 다소곳이 소복단장을 했다. 밤새 아무소리도 없이 눈을 맞으며 서있는 나무며, 장독대며, 지붕이며 모두 이름답다 못해 신비스럽다.

하얀 꽃송이 같은 눈꽃은 소녀들에게는 꿈과 낭만을 선사하고, 파란 보리밭에 내린 눈은 새 싹을 덮어 주는 보드라운 솜털 같은 이불이 되고, 쌀가루 같은 눈은 배고픈 사람에게는 이것이 몽땅 하얀 쌀가루이었으면 하는 소망이 되기도 한다.

겨울눈은 이처럼 우리에게 꿈과 낭만과 소원을 준다. 어린이가 아니라도 하늘에서 눈이 나비처럼 나풀거리며 내려오면 혀를 내밀어 받아먹고 싶다.

내 어린 시절에는 겨울이면 으레 방 한가운데에는 화로가 있었다. 눈이 오는 밤에 방안에 놓여있는 화로는 가족들이 둘러 앉아 이야기꽃을 피우는 정겨운 도구였다. 이 따끔 씩 화로 속에는 군고구마나, 군밤이 잿더미 속에 묻혀 있기도 하고, 된장찌개가 정겹게 보글보글 끓기도 했다. 이런 정감이 교류하는 화롯불을 쬐면서 창 밖에 눈이 내리는 것을 바라보면 이루 말할 수 없는 행복감에 젖어 들었다.

겨울에 내리는 눈의 아름다운 풍경은 동, 서양이 따로 없다. 동양화의 겨울 풍경은 설경이 주류를 이룬다. 서양화도 설경은 겨울을 대표하는 그림이다.

나는 나이프를 이용해서 설경을 그린 서양화 한 점을 우연히 얻게 되어, 시골집 광속에 걸어 놓고 감상한다. 너무 큰 작품이라 집안에 걸어 놓을 마땅한 장소가 없어서 부득이 광속에 잠시 피난 가 있는 그림이다.

이 그림은 눈이 내리는 저녁 숲의 풍경이다. 어둠발이 내릴 무렵, 세차게 휘몰아치는 눈보라에 나뭇가지들이 휘어져 떨고 있고, 나무 아래에는 떨어진 낙엽들이 뒹굴고 있는 숲의 모습이 낭만적이고 아름다운 풍경이면서도 어쩐지 애수가 감도는 그림이다. 초겨울의 문턱에 서서 앙상한 팔을 벌리고 휘날리는 눈을 흠뻑 맞고 있는 이 숲속의 나무들을 볼 때마다, 이 나무들은 나에게 많은 이야기를 쏟아낸다.

난 이 그림을 바라보면 항상 미국의 시인 로버트 프로스트(Robert Lee Frost)가 생각난다. 그의 <눈 내리는 저녁에 숲가에 머물면서> (Stopping By Woods on a Snowy Evening)에 나타난 시의 정경과 이 그림이 너무도 비슷하기 때문이다.

시인은 눈이 내리는 저녁 무렵에, 타고 가던 말을 멈추고서 홀로 숲가에 서서 독백한다.

이게 누구의 숲인지 나는 알 것 같다.
그의 집은 아래 마을에 있겠지만,
그는 내가 여기 멈추어 서서,
눈으로 덮인 그의 숲을 보고 있는 것을 모를 거야.

중   약

숲은 어둡고, 깊고, 아름답다.
그러나 난 지켜야할 약속이 있다.
내가 잠들기 전에 가야할 수 십리길
내가 잠들기 전에 가야할 수 십리길

숲의 주인 모르게 자기 혼자서 눈 덮인 아름다운 숲을 구경하는 이 프로스트의 서정시에는 어린아이 같은 천진난만한 순진함이 엿보인다. 그런데 내가 대학 다니던 시절에 영시를 강의하셨던 멜리썬트 허니컽(Melicent Huneycutt) 선생님은 이 프로스트의 시를 이렇게 설명하셨다. 이 시의 맨 마지막에 반복되는 구절에는 미국인의 서부개척정신 (New Frontier Spirit) 이 나타나 있다는 것이다.

　그러나 이 시를 지금 다시 읽어보면, 옛날 학생 때와는 다른 생각이 든다. 시든 그림이든 이성의 칼로 해부하고 분석하면, 그 본래의 본질을 훼손한다. 시는 머리 보다는 가슴으로 읽어야만 그 참맛을 느낄 수 있기 때문이다.

　하늘에서 나비처럼 나풀거리며 내려오는 하얀 눈 나비나, 나무에 살포시 쌓인 하얀 목화송이를 있는 그대로 느끼고 감상하는 것이 좋다. 지나친 이성적 분석은 겨울눈이 지니고 있는 아름다운 시적 정서를 훼손한다.

　한참동안을 나는 마루에서서 마당에 소복히 쌓인 눈을 바라보다가, 밤새 소리 없이 내려오신 하얀 눈에게 인사를 하고 싶었다. 그러나 신발을 신고서 그 솜털 같은 하얀 눈을 차마 밟을 수 가없었다. 나는 이 하얀 눈이 다 녹을 때까지 두문불출하고 집안에만 있어야겠다고 결심을 했다. 원컨대 제발 오늘만은 아침 해가 늦잠을 자고 천천히 일어났으면 좋겠다.

10. 첫 눈

동짓날이 얼마 남지 않았는데 바깥날이 눈이 올 듯 어둡다. 아니나 다를 가 아침에 일어나 창문을 열고 보니 온 세상이 하얀 솜이불을 덮고 있다. 첫 눈이 밤새 소리도 없이 내렸다.

비가 오는 소리, 바람이 부는 소리와는 다르게 눈은 밤새 아무도 모르게 조용히 찾아온다. 온 누리를 은빛 흰색으로 완전히 덮어버린 눈은 마치 동화 속의 백설 공주가 살고 있는 하얀 눈의 나라로 들어 온 것 같은 환상에 빠지게 한다.

나무위에, 장독대위에 그리고 지붕위에 소복이 내려앉은 눈은 보는 이의 마음을 부드럽고 편안하게 해준다.

마당에 소담스럽게 쌓여있는 눈을 보니 짓밟고 지나가기가 정말 미안하다. 아무런 흔적도 없는 깨끗한 눈 위를 걷는다는 것은 마치 자연의 아름다운 순결을 더럽히는 것 같은 죄를 짓는 것 같다.

나는 마루에 나와서 마당에 탐스럽게 쌓인 하얀 쌀가루 같은 눈을 바라보면서 자연이 연출한 아름다운 정경에 취한다. 감나무 가지위에 이슬아슬하게 칼날처럼 쌓여있는 눈은 가만 가만 가까이 가서 아이스크림 먹듯 혀끝에 대어보고 싶다.

겨울로 막 접어들면서 첫눈이 내리면 사람들의 마음은 즐거움으로 충만 된다. 모두가 다 어린애가 된다. 나이를 잊고 동심으로 돌아가 눈사람도 만들어 보고 싶고 눈싸움도 하고 싶다. 폭신폭신한 솜털 같은 눈 위에 큰 대자로 누어서 러브 스토리 영화에서처럼 눈 사진도 찍고 싶다. 눈 덮인 시골의 풍경은 자연이 빚어낸 아름다운 한 폭의 동양화다. 누가 이렇게 아름다운 그림을 그려낼 수 가있을까?

내일 서울로 올라가야 하는데 밤새 내린 눈으로 교통이 모두 두절 되었다. 모레는 더 큰 추위가 온다고 한다. 길이 어느 정도 녹을 때까지 집안에 갇혀 있어야 할 것 같다.

이처럼 눈 속에 갇혀 집안에만 있으니 한편으로는 마음의 여유가 생겨서 좋다. 평소에 시간이 없다는 핑계로 손끝이 가지 안했던 서가에 있는 책들을 뽑아 보다가 우연히 옛날 앨범에 시선이 멈췄다. 옛날 앨범 속에서 이제는 상당히 빛이 바랜 옛 사진을 보니 지금의 내가 너무 나이 들어 보인다.

그러나 퇴색된 옛날의 사진 속에서 나는 나의 젊은 청춘이 살아 숨 쉬고 있음을 느꼈다. 쫓기는 생활 속에서 잊고 있었던 지난 젊은 날들의 추억들을 나는 첫눈의 덕택으로 모처럼 되돌아 볼 수 있는 귀중한 시간을 갖게 되었다.

이처럼 첫눈은 세파에 찌든 우리의 얼굴에 웃음을 짓게

하고 마음의 여유를 선물한다. 이 첫눈이 다 녹기 전에, 어서
서둘러 밖으로 나가 자연이 연출한 아름다운 풍경을 감상하
고 싶다.

11. 장가계, 원가계

이제는 옛날이야기가 되어 버렸지만, 미국의 닉슨 대통령이 중국 방문 중에 계림(桂林)을 찾았다. 이강 위에서 병풍처럼 둘러쳐있는 기암괴석과 수려한 수목을 구경하면서 닉슨이 '내가 왜 이제야 이곳에 왔는지 모르겠다.'라고 말하며 주변의 풍광에 경탄을 금치 못했다고 한다.

요즘 중국 관광여행을 하고 온 사람들에의 말에 의하면 계림 보다는 장가계, 원가계가 더 풍광이 빼어난다고 한다. 그러니 경치가 더 좋은 장가계, 원가계를 먼저 구경하지 말고, 계림을 보고 난 다음에 장가계로 가는 것이 현명한 선택이라는 것이다.

그러나 사람의 마음이 어찌 그런가. 더 좋은 곳이 있다니 그곳을 먼저 가보고 싶은 것이 인지상정이 아니겠는가. 그래서 나는 장가계를 먼저 가기로 마음먹고 일정을 잡았다. 나는 친구 한교수와 함께 여행사를 선택하고서 무더위가 서서히 기승을 부리기 시작하는 6월 하순경에 중국 관광여행길에 올랐다.

가벼운 마음으로 떠나는 여행이라 휴대품도 몇 개의 내의와 겉옷 몇 점이 전부였다. 달랑 배낭하나를 메고 떠나니 꼭 단일 치기 소풍가는 모습이었다.

여행 일정은 여행사의 스케줄에 따라 천진, 장가계, 원가계, 천진, 북경으로 짜여 있었다. 먼저 천진에 도착하여 고문화 거리를 구경했다. 우리나라 인사동 같은 거리로 중국 전통 문화가 담긴 여러 가지 물건들을 진열한 상점들이 이어져 있었다. 저녁 무렵이 되어 천진을 출발하여 장가계에 도착하니 어둠이 깔려 있었다.

장가계에서의 아침은 비가 주룩 주룩 내리는 궂은 날씨였다. 우리는 일정을 바꾸어 황룡 동굴을 먼저 구경하기로 했다. 그러나 동굴로 가는 셔틀버스 승차장에는 엄청난 인파가 우산을 받고 승차를 대기히고 있었다. 우중에 후덥지근한 더위와 언제 출발할지 모르는 기다림 속에 지쳐서 나는 구경을 포기하고 싶었다. 얼마를 기다렸을까, 우리 차례가 되어 버스를 탔다. 아슬아슬하게 곡예 운전을 하는 버스에서 내리니 또 동굴 앞에 많은 관광객들이 인산 인해를 이루고 있었다. 또 한참을 우산을 들고 서 있다가 입장 순서가 되어 동굴 안으로 들어갔다.

동굴 안은 아주 시원했다. 몸이 시원해지니 기분이 좀 나아졌다. 한참을 걸어 들어가니 아름다운 광경이 펼쳐졌다. 우리나라의 동굴 석순과는 비교가 안 되는 어마 어마한 규모의 장관을 이루고 있었다. 동굴 안에 있는 호수에서 배를 타고 가면서 주변의 석순과 석주를 보니 상상을 초월할 정도로 웅장했다. 밖에서 짜증스럽게 오래 동안 기다린 보람이 있었다. 인민폐로 일억 원의 보험을 들어 놓았다고 하는 '정해신침'은 높이가 27m로 그 위용을 자랑하고 있었다.

다음날 일어나 보니 날씨가 활짝 개어있었다. 우리는 무릉원의 서쪽에 위치하고 있는 중국 최초의 국가 급 산림공원이라고 하는 천자산 으로 갔다. 캐이블카를 타고 올라가면서 주위를 둘러보니 너무나 아름다운 풍광이었다. 눈앞에 펼쳐지는 가파른 벼랑에 기이한 분재 모양을 하고 서있는 소나무들, 그리고 수 천길 협곡에 세워진 기암절벽과 입석 바위들은 현기증이 날 정도이었다. 이렇게 아름다운 절경을 어느 화가가 그려낼 수 있을까! 감탄, 그리고 또 감탄, 모두의 입에서 '와, 우와'하는 감탄사가 터져 나왔다. 사람들이 이 산을 일컬어서 '와우'산 이라고 부르는 것을 알 것 같았다. 거의 정상에 도달하니 엷은 안개 구름사이로 바위 봉우리 위에 아슬아슬하게 서있는 기이한 모양의 소나무며, 키 작은 나무들이 살그머니 얼굴을 내민다. 내가 거의 신선이 되어 승천하는 기분이었다.

캐이블카에서 내려 산정에 서서 발아래 깊은 협곡을 내려다보니 그 아름다운 계곡의 절경에 또 한 번 넋을 잃을만했다. 멀리 보이는 고산지대의 야생화까지 한 폭의 수채화가 되어 나에게 미소 짓고 있었다. 난 모든 일정을 취소하고 그곳에 더 머무르고 싶은 충동을 억제하고, 일행과 함께 하산하면서 몇 번이나 뒤를 돌아보았다.

다음날 우리는 보봉호에서 유람선을 타고 호수를 한 바퀴 돌면서 중국 전통의 수상가요를 들었다. 보봉호 유람을 한 후에 꼬불꼬불한 보봉산 길을 돌아 내려와서 중국 전통의 기예를 곁들인 전통춤을 구경했다.

우리는 다시 버스를 타고 다음 목적지인 천문산으로 향했다. 천문산은 국가 산림공원으로 지정되어있는 명산으로 하늘을 찌를 것 같은 높은 산봉우리의 기세가 우리를 압도했다. 안내원의 설명에 의하면 최근에 천문산의 정상 아래까지 도로를 만들어 놓았는데 그 도로가 너무 꼬불꼬불하고 긴 거리이어서 시간이 많이 걸리기 때문에, 올라 갈 때는 캐이블카로 가고, 내려올 때는 버스를 타고서 산 아래의 비경을 즐긴다는 것이었다.

우리는 정상으로 가기 위해서 케이블카를 탔다. 안내원의 말에 의하면 천문산 캐이블카는 세계 최장 길이인 7455m로 프랑스 POMA회사의 수입설비를 도입하여 만들어졌다고 한다. 그리고 천문산 정상에는 세계에서 해발고가 제일 높은 천연 카르스트 동굴인 천문동굴이 뚫려있는데 그 모양이 마치 환하게 열려있는 하늘로 들어가는 성문과 흡사한 천하 희귀의 경관을 이루고 있다는 것이다.

이 천문동굴을 오르는 데에는 999개의 돌계단을 올라가야만 했다. 오직 사람이 직접 걸어서 올라 갈수 밖에 다른 방도가 없었다. 오르다 보니 너무 힘들어서 잠시 숨을 돌리며 발 아래를 내려다보니 현기증이 날 정도이었다. 그렇다고 포기하고 내려갈 수도 없어서 온 힘을 다하여 동굴 정상에까지 올라갔다.

동굴 앞에 있는 암반에 앉아서 잠시 쉬면서 땀을 닦았다. 동굴의 입구의 높이는 131m, 넓이는 57m, 길이는 60m 라고 한다. 그야말로 지상에서 하늘로 통하는 동굴이었다.

1999년에는 러시아 여류비행사가 전투기를 타고 천문 동굴을 꿰뚫고 통과해서 전 세계인의 주목을 받았고 하며, 그 생방송을 시청하는 시청자가 8억에 달하였다고 한다. 목숨을 걸고 그런 모험을 한 것에 감동되어 나는 그 광경을 녹화한 비디오 테이프를 하나 구입했다. 나는 천문 동굴 한 가운데 서서 동굴을 한번 휘 둘러 보고 아쉬운 발걸음을 재촉했다. 버스를 타고 구절양장 같은 꼬불꼬불한 도로를 마치 곡예 하듯 내려와서 다시 천문동굴을 올려 다 보니 정말 하늘로 통하는 동굴처럼 보였다.

산행으로 지친 몸을 이끌고 북경에 도착하니 만리장성의 끝없이 긴 장벽이 우리를 반겨주었다. 만리장성은 그 규모가 웅장한 대역사이지만 인간이 인위적으로 만든 구축물이라 그런지 큰 감동은 오지 안했다.

자연이 선사한 관광자원은 지하자원 못하지 않게 소중한 자원이며, 영원히 소모되지 않는 보배임을 인식하고, 인류의 문화유산으로 잘 보전해야 함을 절감했다.

12. 영혼의 고향, 티벳

한 사진작가가 일간 신문에 '티벳, 그 곳에 가고 싶다'라는 제목으로 기행문을 쓴 글을 읽어 본 적이 있었다. 그 기사를 읽고 나니 티벳이 우리가 사는 땅과는 다른 신비의 땅처럼 보였다.

수많은 여행자들의 영혼을 설레게 하는 땅, 모든 사람들이 동경하는 성스러운 땅인 티벳을 단지 글과 사진으로만 보니 그곳에 더욱 가고 싶은 충동이 일었다.

오늘날 현대 문명사회 속에서 살아가고 있는 현대인들이 자연의 삶속에서 살아가고 있는 티벳인들에게서 배워야 할 것이 무엇인가? 속진을 털어버리고 싶은 사람들이 왜 티벳을 동경하는가? 그것은 티벳인들의 삶속에 문명사회에서는 볼 수 없는 원시성과 순수성이 깃든 자연에 대한 경외가 그들의 정신 속에 자리 잡고 있기 때문일 것이다.

하얀 모자를 쓴 히말리야의 봉우리들이 병풍처럼 둘러쳐 있는 고원지대에 살고 있는 티벳인들은 그들의 생애 중에서 티벳불교의 성지인 라사를 한번 순례하는 것이 꿈이라고 한다. 그들은 이 꿈을 실현하기 위해서 길 위에서 오체투지를 감행한다. 온 몸을 대지위에 밀착시킨 채 벌레처럼 기어가는 끈질긴 인내의 투지 앞에 우리 문명인들은 옷깃을 여미지 않을 수 없다. 도대체 무엇이 그들을 저처럼 고행의 여정으로 오르게 하는가?

몇 해를 땅에 엎드려 기어가는 그 장엄한 고행 속에 깃든 그들의 숭고한 불심에 이방인들은 감탄한다. 이 지구상에서 가장 오염되지 않는 청정불교가 숨 쉬고 있는 티벳이 있기에 우리는 그 곳에 가고 싶은 열망에 사로잡히게 되는지 모른다.

여행은 마음으로, 글은 발로 쓴다는 말처럼, 많이 걷고 많이 생각하는 여행자는 하늘 가까이 있는 신의 땅, 티벳에서 자신의 내면속에 들어있는 또 다른 나를 발견하게 될 것이다. 누구나 태고의 원시성을 간직한 대 자연 앞에 서있으면 경외심으로 충만 되어 마음의 옷깃을 여미게 되리라. 그 숭고한 대 자연 앞에 아무런 가식도 없이 모든 겉치레를 벗어버리고 나목이 되어 보는 체험, 그것은 문명사회에서의 단절된 벽을 허물어 버리는 자신의 참 모습과의 만남일 수 도 있다.

그래서 이 세상 사람들이 영혼의 성지라고 부르는 티벳은 모든 문명인들에게 매력 있는 마지막 남은 가장 순수한 영혼의 땅인지 모른다. 언젠가는 그 영혼의 땅을, 문명의 때가 묻지 않은 청정 불심의 성지를 찾아가 내 마음속에 들어있는 세속의 먼지를 털어버리고 싶다.

1. 개미와 배짱이

프랑스의 고전주의 시인이며 우화작가인 라퐁텐 (Jean de La Fontaine, 1621-1695)은 음악적이고 회화적인 시구(詩句)를 구사하여 자연스럽고 우아한 시(詩)를 썼다. 특히 그의 우화집은 동물에 빗대어 보편적인 인간 전형을 그린 우화문학의 걸작으로 평가받는다.

그는 우화시인(寓話詩人)으로서 불후의 명성을 남겼는데, 작품의 종류도 다양하다. 그의 대표작은 12권으로 이루어진 <우화시집> (Fables)으로 약 240편 우화시(寓話詩)가 엮어져 있다.

그는 고대에 노예이었던 이솝이 보여준 예지와 화술에 공감했다. 시구(詩句)의 완벽한 음악성과 동물을 의인화하여 희극화한 재질은 후세의 어느 누구도 모방을 불가능하게 하였다. 그래서 오늘날에도 라퐁텐은 어린이들에게 친숙한 프랑스 유일한 우화작가로 알려져 있다.

라퐁텐의 우화 중에 <개미와 배짱이>가 있다. 하지만 이

작품은 우리가 알고 있는 것과는 다르게 원래는 <개미와 매미>이었다. 그런데 이렇게 제목이 바뀌게 된 것은 우리나라의 유교사상이 끼친 영향 때문이었다. 우리나라의 전통적인 유교사상으로 볼 때, 매미는 선비들이 가장 따르고 싶은 삶의 전형이었다.

그런데 이솝우화에는 매미가 게으름뱅이로 표현되어 있으니 유생들이 화가 날수밖에 없었다. 심지어 임금님도 매미의 삶을 따르겠다고 매미 날개 모양을 한 익선관(翼善冠)을 썼으니 말이다.

이솝우화 시대의 유럽의 윤리관이나 이념은 우리 동양의 전통사상과는 아주 달랐다. '일하지 않는 자는 굶어 죽어야 한다.'는 사상과 '일하지 않는 자한테는 한 푼도 주어서는 안 되고, 굶어 죽여야 한다.'는 생각이 팽배했고, 만약 도와주었다가는 나중에 도리어 그놈한테 자신이 당할 수 있다는 것을 경고해 주는 것이 그 당시 이솝우화의 교훈이었다.

이솝은 지금으로부터 B.C620-B.C560년쯤 그리스 사모스왕 노예이었다고 한다. 그러나 이솝은 일만하는 노예가아니라 주인의 오른팔 노릇을 하는 노예이었다. 그는 말재주가 어찌나 능수능란하던지 아무도 그를 능가할 사람이 없었다고 한다.

그 당시 유럽은 중동에서 기독교가 들어오기 전이라, 사랑이나 박애 같은 기독교 사상이 없었고, 오직 '정글의 법칙'만이 통했던 야만시대 이었다. 그러므로 이솝의 이야기는 무슨 교훈적인 이야기가 아니라 험한 세상을 살아가는 방법 즉 처세술이라는 것이다. 이런 뜻이 담겨있는 것을 훗날에 카토릭교에서 억지로 이솝우화에 해석을 붙이기 시작하면서 자기들에게 유리하도록 교훈적인 이야기로 변모시켰다는 것이다.

그러나 모든 이솝우화가 다 처세술을 말 하는 것은 아니다. 그 가운데는 리비아나 이집트의 우화에서 보듯이 은혜를 주고 갚는 우리나라의 옛이야기와 아주 비슷한 우화도 많다.

<개미와 배짱이>도 누군가에 의해서 우리나라 정서에 맞추어 매미를 배짱이로 바꾸어 놓은 것 같다. 라퐁텐이 그의 무덤 속에서 웃을 일이다.

여름 내내 일하지 않고 서늘한 나뭇가지 위에서 목청껏 노래만 불렀던 매미가 어느 눈 내리는 추운 겨울날 개미집을 찾아가 구걸을 한다.

'개미님, 배가 고파죽겠어요, 먹을 것 좀 주세요.' 라는 매미의 구걸에 개미가 문도 열어주지 않고 말한다.

'넌, 여름 내내 놀면서 노래만 불렀지. 어서 나무에 올라가 노래나 부르렴.'

이 우화가 주는 교훈은 무엇인가? 무더운 여름 내내 땀 흘리며 열심히 일한 개미는 먹을 것이 많아서 추운 겨울이 와도 걱정이 없지만, 빈둥거리며 놀기만 했던 매미는 추운겨울을 맞이하여 배가 고파서 굶어죽게 된다는 것이다. 그러니 게으름을 피우지 말고 근면 하라는 것이다.

그러나 이 우화를 읽은 어린이는 근면정신을 배우기보다는 동정심이 없는 개미의 몰인정과 야박함에 분노를 느낀다.

어린이는 엄동설한에 맨발로 눈밭에서 떨고 있는 매미가 너무 불쌍해서 눈물을 흘린다.

눈물을 흘리는 어린이의 머릿속 에는 고개를 숙이고 애걸하는 매미의 모습과 인정머리 없이 문전박대한 개미의 모습이 오래 동안 잊혀 지지 않는다. 그 후 어린이의 가슴엔 개미가 미움으로 남아, 허리가 잘록하고 새까맣게 생긴 개미를 볼 때마다, 인정머리 없고 매정한 우화속의 개미가 생각나서 발로 밟아 죽여 버린다.

개미를 밟아서 으깨어 죽여 버리는 어린이는 개미에 대한 증오심이 어른이 된 후에도 뇌리에 각인이 되어있어서, 불개미를 잡아서 숙성시킨 '개미 술'을 마시고 분노를 삭인다.

2. 어린왕자의 교훈

생텍쥐페리는 몰락한 귀족으로 평생 동안 하늘을 나는 것
에 집념을 불태우던 비행사이었다. 1944년 세계 제 2차 대전의
와중 속에서 그는 코르시카를 이륙한 후에 소식이 끊어졌다.

사람들은 그가 그렇게도 가고 싶었던 별나라로 날라 갔을
거라고 생각했다. 왜냐하면 그가 그의 소설 <야간비행>의 주
인공 파비앙을 별나라로 보냈고, 그의 마지막 작품인 <어린왕
자>가 별나라에서 왔기 때문이다.

지구에서 바라보면 무척이나 아름답고 가슴을 설레게 한
별나라들도 꿈에 그리던 이상향은 아니었다. 어린왕자는 온
갖 악과 부조리와 고독이 충만 되어 있는 별나라를 떠나 드디
어 지구에 당도한다. 지구에 도착한 어린왕자는 지구도 그가
거쳐 온 별나라들과 별로 다름이 없음을 알게 된다.

어린왕자에게는 별나라에서 가져온 장미 한 송이가 있었
다. 그는 그 장미를 온갖 정성을 다 들여서 길러왔다. 그런데

지구에 도착해서 보니, 수천수만 송이의 장미가 피어 있음을 본다. 어린왕자는 혼란스런 마음을 억제할 수 없었다.

그 때 여우 한 마리가 나타나 어린왕자에게 조언한다. 이 세상에 아무리 좋은 것이 많더라도 마음이 담겨 있지 않은 것은 무의미한 것이며, 오직 마음의 눈으로 보이는 것이 소중한 것이라는 것을 일깨워 준다.

생텍쥐페리의 '어린왕자'는 20세기 기계화되어가는 산업사회 속에서 물질만능주의에 의해서 인간성이 상실되어가는 것에 대한 경고이다. 오늘날 21세기에는 <어린왕자>의 시대보다 훨씬 더 모든 것이 기계화되고 전자화된 너무도 편리한 세상에서 우리가 살고 있다.

요즘은 내 손안에 모든 편리한 것들이 다 있는 시대이다. 손바닥 안에 있는 휴대전화로 세계 어느 곳에나 전화를 걸 수 있고, 은행업무도 처리할 수 있고, 메일도 보낼 수 있고, TV도 볼 수 있고, 게임도 즐길 수 있는 만능 기계이다. 이렇게 좋은 기계가 내 손바닥 안에 있으니 항시도 이 물건에서 손을 놓을 수가 없다.

오늘날 남녀노소 모두에게 휴대전화는 소중한 보물단지이다. 어느 집에서나 가족모두가 제각기 휴대전화가 있다. 집전화는 이젠 박물관에 가야한다. 모두가 금쪽같은 소중한 보물인 휴대전화를 누구나 항상 몸에 휴대하고 다닌다. 모든 사람들은 휴대전화에 중독된 환자들 같다. 직접 만나서 얼굴을 보며 이야기하기보다는 간편하게 휴대폰으로 통화한다. 심지어 몇 발자국 떨어져있는 친구에게 휴대폰으로 대화하는 세상이 되어버렸다.

이처럼 첨단전자 정보화시대의 산물(産物)이 인간에게 안락한 생활을 선물하지만, 그 역기능도 그것에 비례한다. 생텍쥐페리가 <어린왕자>라는 작품을 통해서 그렇게도 갈망했던 인간성 회복은 21세기의 전자정보화시대에는 더 멀어져 가고 있다.

컴퓨터 인터넷에 푹 빠져 사는 현대인들은 가족과의 대화나 이웃과의 연대성은 상상할 수가 없다. 우리 현대인들은 오늘날의 전자정보매체에 의해서 더욱 더 인간관계가 단절되어 가고 있으며 소외의 그늘 속에 침몰되어가고 있다.

이런 현대의 위기 상황을 통감하면서, 나는 젊은 대학생 시절에 감명 깊게 읽었던 <어린왕자> (Le Petit Prince)의 교훈을 다시 한 번 되새겨 본다.

3. 손의 문화와 발의 문화

　나는 동양은 손의 문화이며 서양은 발의 문화라고 주장한다. 우리 동양인 특히 한국인은 어렸을 적부터 손을 많이 사용하여 왔다. 바느질부터 농사일에 이르기까지 우리는 발보다는 손을 주로 쓰는 민족이다.

　동, 서양인 모두가 식사할 때 손을 사용하건만 서양인들은 손놀림이 대단히 어색하다. 서양인들은 포크나 나이프를 자유롭게 잘 사용하지만, 젓가락질은 아주 서투르다. 이에 반해서 우리는 포크나 나이프 정도는 누어서 떡먹기고, 젓가락질을 자유자재로 사용 할 줄 뿐만 아니라, 한손에 수저와 젓가락을 동시에 쥐고 사용할 줄까지 안다. 이런 손놀림은 재능이나, 재주랄 것도 없다. 왜냐하면 나이어린 어린애들 까지도 능히 잘 해내기 때문이다.

　우리의 고전무용은 주로 손으로 표현하는 춤이다. 팔을 들어 손목과 손끝으로 아름다운 곡선을 그리며 추는 한국의 고전무용은 우리의 감정을 조용하게 그리고 은근하게 표현한다.

반면에 서양의 댄스는 발의 춤이다. 손과 팔은 몸의 균형을 유지하는데 사용할 뿐이고, 모든 동작을 발로 표현한다. 그래서 서양의 댄스는 동작의 활동범위가 크고 능동적이며, 특히 탱고 같은 춤은 대단히 격정적이다.

우리는 손으로 쓰는 글씨를 '서예'라 하여 예술의 경지까지 승화 시켰다. 이에 반해서 서양에는 글자의 모양을 변형시킨 필기체만 존재하지, 우리의 모필(毛筆)과 같은 글씨 예술의 멋이 없다.

조상 대대로 농경 생활 속에서 생활해온 우리는 한 평생 집 앞의 논밭에서 일하다가, 마을 뒷산에 묻히는 정착민족이니, 발이 발달할 필요가 없었다. 그러나 서양인들은 유목이나 상업에 그들의 생계를 유지 해온 관계로 자연히 이동 생활에 익숙해져서 손 보다는 발이 발달할 수밖에 없었다.

그러니 올림픽경기에서 발로 하는 종목은 거의 모두가 서양인들이 승리한다. 특히 육상경기에서는 남녀모두가, 흑인 아니면 백인이다. 동양인은 빨리 달리는 스포츠에서 서양인들을 도저히 이길 수가 없다. 옛날 조상 때부터 짐승을 쫓아다니며 살아온 수렵민족이며 유목 민족인 서양인들은 항상 달려야 하는 생활에 익숙해져 있어서 자연히 발의 근육이 발달해 있기 때문이다.

우리는 지금까지 수 천년동안을 살아오면서 우리의 환경, 기후, 풍토에 잘 어울리게 유전형질이 형성되어 왔다. 이러한 우리 주변의 환경에 적응된 유전적 요소들을 우리가 잘 함양하고 발전시켜나간다면, 우리는 세계 어느 민족도 따라 올 수 없는 놀라운 재질을 여러 분야에서 발휘할 수 있을 것이다.

언젠가는 세계적으로 우뚝 선 한국적 맞춤 문화시대를, 다시 말해서 손의 문화시대를 열어갈 수 있으리라고 단언한다.

4. 지방색 유감

    당초 인간은 자기 생활의 터전인 안락하고 행복했던 자연의 거처를 상실한 이래로 이를 대신할 새로운 거처를 끊임없이 추구해왔다. 그러나 그가 염원하는 이상향은 어디에서나 쉽게 찾을 수 없었다. 주변의 열악한 환경은 오직 온갖 고통과 시련을 가져다주었다.

    결국 인간은 이러한 어려운 역경을 벗어나기 위하여 자연과 친밀한 유대를 지속해야만 했고, 그것은 그가 살고 있는 대지에 대한 집착이 되고, 애착이 되었다. 인간은 그의 생명을 유지시켜주는 풍요로운 대지에서 어머니의 품속과 같은 아늑함을 느꼈다. 그래서 문학에서는 대지(大地)를 지모(地母, Earth-mother)라고 말한다.

    대지는 인간에게 육체적 양식을 주었을 뿐만 아니라, 정신적 안식처까지 제공했다. 이런 대지에 대한 인간의 근친애적(近親愛的)고착은 사랑과 존경심으로 발전하여, 향토애로 또는 국가지상주의로 나타났고, 극단적으로는 히틀러와 같은 독재자의 민족주의로 발전되어 엄청난 인종적 참화를 초래하기도 했다.

특히 대통령 선거 때마다 거론되는 지역감정은 망국적 폐단으로 마땅히 없어져야 할 것이지만, 아름다운 전통과 풍속을 지닌 지방 고유의 특색은 우리가 소중히 가꾸고 지속시켜 나아가야 할 보배로운 것이다.

그 한 예로서 미국의 남북전쟁이후, 미국문학을 꽃피운 지방색소설과 지역소설 등은 미국 서남부의 지역적 특성에 대한 사실적 묘사와 해학으로 미국 사실주의 문학에 커다란 공헌을 했다. 우리나라의 판소리도 서편제니 동편제니 하여 지방 특유의 색깔을 띤 소리로 발전했고 아리랑도 각 지방마다 독특한 곡조를 지니고 있어 그 맛을 달리한다. 무조건 지방색을 배척하는 것은 전통적으로 내려오는 지방의 향토색문화를 발굴하고 육성하는 일을 저해 하는 과오를 범할 수 있다.

오늘날 자기 이익 추구에 혈안이 된 저질 정치인들이 지역주의를 부추겨, 지역감정을 조장하는 것과 소중히 보존해야 할 지방색은 엄연히 구분되어야한다. 우리 모두가 근시안적인 편협한 시각에서 벗어나 예로부터 전래되어오는 아름다운 내 고장의 전통이 살아 숨 쉬는 지방색을 탐구하고 발전시켜서, 후대의 자손들에게 물려주어야 할 책임감을 다 함께 가져야한다.

5. 참선 수행

요즘 참선이 유행하고 있다. 옛날에는 깊은 산속에 있는 사찰의 스님들이 면벽을 하면서 수행하던 마음훈련이 오늘날에는 소음이 있는 도심 한 복판에서도 번창 하고 있다.

원래 선(禪)이란 마음을 가다듬고 정신을 통일하여 무아(無我)의 경지에 도달하는 마음을 닦는 수행이다. 처음엔 인도에서 빌생하여 번성하였는데 후에 달마 대사에 의하여 중국에 전해진 것으로 알려지고 있다. 벽을 마주하고 좌정하여 명상을 하면서, 청정한 마음을 직관하는 참선은 고도의 마음 훈련이다.

이런 중국의 참선법이 한국을 거쳐 일본으로 건너가서, 서도(書道)와 검도(劍道) 그리고 다도(茶道) 등 도(道)에 결부시켜 형식미로 발전하였다. 이것이 또 다시 태평양을 건너가 미국으로 전파되어 서구인들의 마음을 사로잡더니, 마침내 J. D. 세린져(J. D. Salinger)같은 작가도 신봉자가 되었다. 그는 온 미국을 휩쓴 20세기의 명저, <호밀밭의 파수꾼>(The Catcher in the Rye)이라는 위대한 작품을 발표한 후에, 그의 남은여생을 선(Zen)사상에 정진하기 위하여 속세를 떠나 깊은 산속으로 들어갔다. 그 후에 지금까지 아무도 그의 생사를 아는 사람이 없다.

미국의 문학사가인 로버트 스필러(Robert E. Spiller)박사의 주장처럼 문화는 주기적으로 이동하는 특성을 지니고 있는 것인가? 세기(世紀)를 거듭하면서 문화 싸이클(Cycle)은 동양에서 서양으로, 또 서양에서 동양으로 이동하여 왔다. 이러한 문화의 이동을 증명이라도 하듯, 오늘날 이 땅의 젊은이들이 빠른 템포의 랩 음악이나, 언어 파괴의 흑인 팝 뮤직에 흠뻑 젖어 있는 줄만 알았는데, 서양에서 성행하고 있는 선(禪)을 역수입해서 배우고 있는 것을 보면, 스필러 박사의 이론이 설득력이 있어 보이며, 이런 문화의 싸이클에 놀라움을 금치 못한다.

오늘날 우리사회가 급속히 산업화 사회에서 정보화 사회로 진입하면서 많은 진통을 겪고 있다. 우리는 매일 정보 전자매체에 예속되어 자신의 정체성을 상실해 가고 있다. 아침에 눈을 뜨면 홍수처럼 밀려오는 엄청난 새로운 정보의 조류에서 벗어날 수 가없다. 너무도 많은 지식정보 속에서 무엇을 선택하고, 무엇을 버리고, 무엇을 검색하고 무엇을 실행해야 할 것인가 혼돈의 미로에 빠진다. 자신의 의지와 행동이 '나'가 아닌 다른 외부의 힘에 의하여 움직인다.

도대체 나는 무엇을 위해 사는가, 또 나의 존재 의미는 무엇인가 하는 회의에 빠진다. 이처럼 혼돈의 미로에 있는 ‘나’를 구원할 길을 찾는 사람들에게 참선(參禪)은 자신의 정체성을 회복시켜주고, 잃어버린 참 ‘나’를 찾는 정신수양이기에 의미가 있다고 생각한다.

사회와 가족들로부터의 단절과 그것에서 오는 외로움은 노인들만이 겪는 마음의 소외현상이 아니다. 그것은 오늘을 사는 현대인의 공통된 고독이요, 상실감이기에 참선수행은 현대인의 정신적 질병을 치료해주는 하나의 처방전이 될 수 있으리라고 생각한다.

6. 신(神)과 인간과 자연

    인간은 먼 옛날부터 자신이 의지하고 숭배할 대상을 염원해 왔다. 전지전능한 절대 신(神)에 대한 동경이 종교를 낳았고, 그 것은 줄곧 우리 인간의 생활규범이 되어 왔다. 예로부터 오늘에 이르기까지 이 세상에는 많은 사람만큼이나 많은 종교가 있었으며, 그 많은 종교마다 서로 다른 많은 신(神)들이 존재한다.

    그리스 신화(神話)에 등장하는 많은 신(神)들이나, 동서(東西)양의 전래 신화 속에 등장하는 자연신(自然神)들도 모두 각기 서로 다른 모습을 하고 있다.

    그런데 한 가지 공통된 점은 그들 모두가 다 인간의 형상을 하고 있다는 것이다. 그 들은 형상과 모양이 우리와 똑같을 뿐만 아니라, 우리 인간처럼 똑 같은 생각과 감정을 가지고 있다. 그렇다면 우리 인간이 먼저 자기의 형상대로 신(神)을 창조했단 말인가? 물론 종교의 입장에서는 당연히 신(神)

이 먼저 존재했고, 그 다음에 신(神)이 인간을 창조했다고 주장한다.

먼 태고(太古)시대 때부터 자연에 대한 우리 인간의 경외심은 신격화(神格化)되어 자연현상에서 일어나는 모든 현상을 신(神)의 섭리로 알았다. 인간이 감히 근접할 수 없는 만년설(萬年雪)에 쌓여서 구름 속에 보이는 설산(雪山)이나, 끝이 없는 광활한 바다, 그리고 폭우를 동반하는 천둥이나 벼락같은 자연현상을 인간은 신(神)의 뜻으로 알았다. 첨단 과학문명의 시대인 오늘날에도 신비스러움을 간직한 자연은 외경의 대상이 되어있다.

랠프 왈도 에머슨(Ralph Waldo Emerson)은 신(神)과 인간 사이에 자연이 존재한다고 주장했다. 그가 말하는 자연은 그의 초월주의(Transcendentalism)에서 강조하고 있는 것처럼, 그냥 아름다운 자연이 아니라 신(神)의 뜻을 대변해주는 상징물이다.

에머슨(Emerson)의 말에 의하면 인간과 신과 자연은 똑 같지 않고 서로 밀접하게 연관되어 있다는 것이다. 그리고 인간은 자연을 통해서 신의 계시를 알 수 있으며, 자연은 신의 뜻을 전달해주는 매개체라는 것이다.

신(神)과 인간, 인간과 자연은 예로부터 우리의 삶을 지배해온 영원한 주제이다. 신(神)에 대해서, 자연에 대해서, 그리고 인간에 대해서 어떤 의미를 부여하는가에 따라 우리의 삶의 규범이 설정되어 왔다.

자연에 있어서의 춘, 하, 추, 동(春夏秋冬)이란 사계절의 순환은 마치 인간의 생, 노, 병, 사(生老病死)처럼 의미가 있다. 자연의 순환이치는 우리가 거부할 수 없는 진리이다. 우리 인간도 자연의 일부이므로 변화하는 것을 거부할 수 없다. 그러므로 영원한 젊음을 갈망한다는 것은 어리석은 욕망이요, 탐욕이다. 자연의 교훈에서 깨닫는 바와 같이 이 세상에는 영원한 젊음도 없고 영원한 생명도 없다.

자연이 우리 눈앞에서 보여주는 이러한 평범한 진리를 깨닫지 못하고 과욕을 부려서는 안 된다. 도대체 이 세상에 영원한 것이 무엇이 존재하는가. 아무 것도 없다. 이 세상의 모든 것은 변하기 마련이다. 변하지 않는 영원한 진리가 있다면 그것은 '모든 것은 변한다'는 것이다.

7. 무소유(無所有)

　　요즈음 여름더위가 거의 절정에 이르렀을 때이었다. 나는
서울에서 고속버스에 몸을 싣고 나의 고향 전주로 내려왔다.
찜통 같은 전주의 여름은 정말 짜증스러웠다. 그늘도 없는 전
주의 거리를 한참 걷다가 나는 우연히 새로 개점한 '교보문고'
를 발견했다. 나는 마치 내가 '신대륙'을 발견(실은 콜럼버스
가 아메리카 대륙을 '발견'한 것이 아니라 '도착'이다) 이라도
한 것처럼 기쁘고 반가웠다. 전주가 교육의 도시네, 문화의
도시네 하고 자랑만 했지 변변한 대형서점 하나 없는 것이 항
상 마음에 걸렸었다. 우리의 입을 즐겁게 하는 대형 음식점은
우뚝 우뚝 들어서는데 우리 정신의 음식점은 너무나 초라하
지 않았던가?

　　서울의 서점처럼 크고 넓은 대형서점이 들어서니 너무도
마음이 흐뭇했다. 밖은 35.6도의 무더위가 기승을 부리는데
서점 안은 서늘하고 안락했다. 서점의 한쪽 코너에는 차를 마

실 수 있는 카페도 있어서 서가에서 뽑아온 책을 읽을 수도 있었다.

한 동안 책을 구경하다가 '작가의 코너'가 있는 서가에서 나는 법정(法頂)의 책과 마주치게 되었다. 십여 년 전에 <무소유>를 읽었는데 그 책이 새롭게 하드 바운드로 미려하게 장정되어 꽂혀 있음을 발견했다. 나는 옛 고향의 친구를 만난 것처럼 반가웠다. 옛날에는 조그마한 문고판으로 출판된 책이 이렇게 품위 있게 장정되어있는 것을 보니 마치 옛 고향의 시골 친구가 출세해서 귀향한 것 같았다.

나는 마음이 들떠서 <무소유>를 만지작거리다가 뒷면의 카바 표지를 보게 되었다. '이 책이 아무리 무소유를 말해도 이 책만큼은 소유하고 싶다.'라는 김수환 추기경의 서평이 눈에 들어왔다. 그 글은 내 마음을 그대로 대변해 주고 있는 것 같았다.

수십 년 전에 내가 처음 '무소유'의 제 1 장 '복원 불국사'의 첫 단락을 읽었을 때, 나는 완전히 한 편의 서정시에 사로잡혔고, 아름다운 산사의 정경 묘사에 감동되었다. 나는 그 첫 단락을 여러 번 읽고 또 읽었다. 그 한 구절, 한 구절이 얼마나 아름답고 영롱한 구슬들인가.

'초가을의 입김, 이른 아침의 우물가, 가지 끝에 서성거리는 안개, 밤 숲을 스쳐가는 소나기, 비에 씻긴 하늘' 등 상상만 해 보아도 아름다운 한 폭의 동양화다.

이 아름다운 자연을 우리가 느끼지 못하고 그냥 지나쳐

버린다면, 우리의 삶은 얼마나 무의미하고 무가치한 것일까? 우리가 너무나 지나치게 세속적인 소유에 집착하며 살아간다면 이런 소중한 것들을 그냥 놓치고 만다.

도대체 소유란 무엇일가? 소유는 경제학, 철학, 문학 그리고 종교에서 끊임 없이 탐구되고 논의되는 명제이다. 그러나 거창한 학문적 정의를 떠나서 소유란 한 마디로 '가지고 있다'는 것이다. 무엇인가를 갖기 위해서는 경쟁을 해서 쟁취해야 하고 또 그 것을 잃지 않고 지켜야만 한다.

어떤 것을 소유한다는 것은 그것에 구속되는 것이며, 즐거움 보다는 오히려 근심과 고통을 준다. 그러므로 소유를 향한 질주는 곧 고통을 향한 질주이다. 결국 만족할 줄 모르는 소유에 대한 끝없는 욕망은 우리들을 더욱 더 고통의 질곡으로 추락시킨다. 우리가 이런 소유의 굴레에서 벗어날 때 우리는 진정한 행복을 소유할 수 있을 것이다.

8. 아메리카 인디안

사실 역사적으로 살펴보면 아메리카 대륙의 원주인은 아메리카 인디안 이다. 지구가 빙하기를 지나 해빙기에 접어들 무렵에 동토의 땅이 서서히 균열이 가고 있었다. 그 당시 한반도 북방에 거주하고 있던 몽고리안 이라고 하는 몽골인들은 그들의 먹을거리였던 순록을 뒤쫓아 북미대륙과 연륙(連陸)되었던 베링해협을 말을 타고 달려 아메리카 대륙으로 이동해 갔던 것이다.

이 아메리카 인디안들은 록키산맥을 따라 점점 남하하여 남아메리카에 까지 퍼져나가 오늘날 역사적 유물로 남아있는 잉카제국을 형성하였으며 또 그들의 다른 이름인 인디오라는 이름을 남기고 있다.

이 아메리카 인디안은 그 얼굴모습이나, 몽고반점, 생활습관 그리고 언어와 정신에 이르기까지 너무나도 우리 조상들과 꼭 닮았다. 먼저 얼굴을 보라. 얼굴의 피부색, 안면골격 등은 우리 한국인의 얼굴과 너무나 비슷하다.

생활습관의 한 단면을 보면 애기를 등에 업고 다니는 모습이라든가, 천하대장군, 지하여장군이나 선돌 등을 마을 입구에 세워놓는 것하며, 모두 다 우리의 옛 풍습과 같다.

지금은 사라지고 없어서 구전으로만 내려오는 인디안 언어나 노래도 그 어원과 곡조가 너무나 우리 것과 비슷하다. 외부 침입자가 마을에 들어오면, 큰 나무 위나 높은 산의 바위 전망대에서 망을 보던 아들이 "아빠" "아빠"라고 소리쳐서 부족들에게 위급함을 알렸던 것이, 백인 침입자들에게 "아파치"라는 소리로 들려서 "아파치"라는 인디안 종족의 이름이 생겨났다고 한다. 또 "나이아가라" 폭포 이름도 "네 갈레" 라는 뜻의 인디안 말에서 유래되었다고 한다.

더욱 중요한 것은 인디안이 지니고 있는 선비 정신이다. 인디안들은 절대로 비굴하지 않고 정직했다. 백인과의 전부에 있어서도 한번 휴전약속을 하면 철저히 지켰다. 그래서 '정직한 인디안' (Honest Injun)이라는 말이 영어사전에 실릴 정도이다.

인디안은 백인에게 포로가 되어 붙잡혀 가서도 비굴하게 노예로 살지 않고 죽음을 선택했다. 이점이 흑인노예와는 다르다.

흑인노예는 대를 이어 백인 주인마님에게 충복 노릇을 하지만 인디안은 절대로 그런 일이 없다. 인디안은 너무도 위풍당당하고 기품이 있어 스필러 박사도 아메리카 인디안을 '고

결성' (nobility)을 상징하는 인종으로 표현했다. 이런 점들을 고려해 볼 때, 아메리카 인디안은 옛날 우리 조상들의 선비정신의 얼을 간직하고 있는 것이 분명하다.

이러한 여러 가지 지리적, 언어적, 인종적 사실들을 종합하여 고려해 볼 때, 아메리카 인디안은 아직은 인류학자에 의하여 입증된 사실은 아니지만, 로버트 E. 스필러 박사는 그의 < 미국문학의 주기>라는 저서에서 동북아시아 지역에 거주한 몽골인 이라고 주장하고 있다.

그러나 콜럼버스 이후 아메리카 대륙의 원주인 인디안들은 옛날 그들의 삶의 터전에서 쫓겨나, 미국 정부가 지정해준 인디안 보호구역내에서 명맥을 유지하며 살아가고 있다.

옛날에 아메리카 대륙을 호령하며 호기 있게 말을 타고 달렸던 날렵한 인디안들이 이제는 햄버거나 뜯어 먹는 뚱뚱보가 되어서, 새털 모자를 쓰고 관광객들과의 사진 촬영의 대가로 몇 푼의 달러를 받아, 겨우 생계를 유지하는 모습에서 역사의 무상함을 느낀다.

9. 앵무새 죽이기

오늘날 어느 가정에서나 초등학생으로부터 대학생에 이르기까지 컴퓨터중독은 심각하다. 나이든 부모들은 컴맹이기 때문에 왜 자식들이 그렇게도 컴퓨터에 집착하는지 이해하지 못한다. 가장 심각한 문제는 자라는 세대들이 '게임중독자'가 되어가는 현상이다.

한때 김대중 정권시절의 문화관광부 장관이라는 사람이 "게임만 잘 해도 대학 간다." 라고 외쳐댄 적이 있었다. 이것은 최소한도 오락과 학문을 구별할 능력조차 없는 무지의 소치다. 게임과 같은 잡기를 학문으로 혼돈해서는 안 된다. 이런 상식이하의 사람이 한 나라의 문화정책을 입안하고 시행했으니 정말 한심한 일이 아닐 수 없다.

디지털이 우리의 모든 문제를 해결해 주는 요술 방망이가 아니다. 시각 쾌락과 오락이 온 사회를 지배하고, 일회성 정보 시스템이 우리의 전통적 가치를 붕괴 시킬 때 우리 사회의 미래는 암담할 뿐이다.

작금의 세계 선진국들은 기초학문 분야의 육성에 박차를 가하고 있고, 기본이 서는 사회를 만드는데 모든 노력을 집중하고 있다. 이런 기본들을 세워놓지 않는다면 그 사회는 문화의 천박화라는 나락으로 떨어지고 말기 때문이다.

2003년 여름에 나는 미국의 한 서점에서 <앵무새 죽이기>(To Kill a Mockingbird)란 책을 샀다. 이 책은 하퍼 리(Harper Lee)에 의해서 1960년에 초판이 출판되었는데 미국 전 지역의 고등학교 권장도서가 된 책이다. 그리고 시카고 트리뷴지는 이 책을 모든 시대에 가장 사랑받는 훌륭한 책이라고 격찬했다. 2001년에 시카고 댈리 시장은 시카고 시민들에게 한권의 책읽기를 권장하는 '책 읽는 사회' 만들기 운동을 펼쳤는데, 그때 지정한 책이 바로 하퍼 리의 <앵무새 죽이기> 이었다.

거의 40년 이상 동안 많은 미국인들에게 친숙한 책으로 이름이 난 이 소설은 작가의 고향인 앨러배머의 한 시골 읍에서 일어난 인종갈등을 그리고 있다. 품위와 인권과 사회정의를 주제로 하고 있어, 오늘 미국사회가 안고 있는 직접적인 문제들을 다루고 있다. 이 책의 내용도 매우 중요한 사회문제이지만, 더욱 심각한 것은 시각매체에 빠진 대중들을 구출하는 것이 급선무이었다.

사실 시카고에서 '한 권의 책 같이 읽기'운동을 전개한 또 다른 중요한 목적은 비디오나 게임에 빠져있는 대중사회로부터 독서문화의 중요성을 일반시민들에게 일깨워 주기 위한 것이었고 또 인터넷에 빼앗긴 가족의 소중함을 자각하는 계기로 삼기 위함이었다.

우리도 참여정치 운동 같은 것보다는 시카고의 '한권의 책 읽기'같은 시민운동을 한 도시에서부터 시작해 보면 우리사회는 보다 밝고 명랑한 사회가 될 것이다.

10. 대통령의 눈물

조국을 위해서 흘리는 눈물은 정말로 값진 소중한 것으로 존경받아 마땅하다. 자신의 몸을 불태워 환하게 주위를 밝혀 주는 촛불처럼, 자신이 아닌 남을 위하여 희생한다는 것은 숭고한 미덕이다.

다음에 소개되는 글은 조선일보 2003. 9, 9일자에 실린 "뒤돌아본 한국경제"기사 중의 일부이다.

"1964년 12월 10일 오전 10시 55분 서독 루르지방 함보른 탄광의 한 공회당, 얼굴과 작업복에 석탄 가루가 묻은 한국인 광부, 한복차림의 한국인 간호사, 독일인들 앞에 당시 독일을 방문중인 박정희 대통령이 나타났다. 실내에는 애국가가 울러 퍼졌지만 '동해물과 백두산이 ---' 가사는 들리지 않았다. '대한 사람 대한으로---' 마지막 대목에 이르러서야 박대통령과 광부, 간호사들의 목멘 소리가 간신히 들렸을 뿐이다.

"여러분, 난 지금 몹시 부끄럽고 가슴 아픕니다. 대한민국

대통령으로서 무엇을 했나 가슴에 손을 얹고 반성합니다. ---
나에게 시간을 주십시오. 우리 후손만큼은 결코 이렇게 타국에
팔려 나오지 않도록 하겠습니다. 반드시 --- 정말 반드시 ---"

떨리는 목소리로 계속되던 박 대통령의 연설은 끝까지 이
어지지 못했다. 광부, 간호사, 육영수여사, 뤼브케 서독 대통령
도 손수건을 꺼내 들면서 공회당 안은 '눈물바다'로 변했다."

본 기사에 의하면 당시 청와대 경제고문자격으로 박 대통
령 통역을 맡았던 백영훈 박사는 탄광을 떠나는 승용차 안에
서 박대통령은 '내가 죄인이다' 하며 눈물을 흘렸고, 옆에 있
던 뤼브케 대통령이 '울지 마십시오. 분단된 두 나라가 합심
하여 경제 부흥을 이룹시다.' 라고 위로하는 말을 통역하면서
나 역시 울었다고 회고했다.

이 기사를 읽으면서 나도 눈물이 흘러 내렸다. 돌이켜 생
각해 보면 그 당시 박 대통령은 조국 근대화라는 기치를 내
걸고 "경제개발 5개년 계획"을 추진했지만 미국의 원조가 끊
겨 극심한 외자부족으로 어려움을 겪고 있었다. 그래서 박 대
통령이 달려간 곳이 독일이었다. 독일에 산업차관을 간곡히
요청했으나 당시 세계 어느 곳에서나 지급보증을 받아올 수
없었다. 결국 우리 광부와 간호사들을 독일에 파견하여 그들
의 3년간 급여를 담보 방식으로 하여 차관을 얻어 온 것이다.

이런 박 대통령의 눈물의 결실로 오늘날 우리 산업의 동
맥, 한국의 아우토반인 경인 고속도로와 경부고속도로가 건
설되었고 금년엔 수출 3000억 달러라는 이룬 눈부신 경제발

전을 한 것도 그 기초위에서 성장한 것이다.

한 나라의 지도자는 미래에 대한 비전을 갖고 있어야 한다. 비록 그런 비전이 부족하더라도 오만과 독선을 버리고 항상 국민을 먼저 생각해야 한다. 그리고 국가와 국민을 위해서 무엇을 할 것인가 고민한다면 나라를 흥하게는 못해도 망하게 하지 않는다.

대통령이 많은 수행원을 거느리고 엄청난 돈을 써가며 외국 나들이 여행을 즐겨서도 안 된다. 꼭 필요한 외국 순방 시에는 항상 검소한 자세로 선진국의 발전된 모습에서 무엇인가를 배워 와야 한다.

배고파서 돈 벌려고 서독에 파견된 광부와 간호사 앞에서 내가 대한민국 대통령으로서 무엇을 했나 가슴에 손을 얹고 반성하는 대통령의 눈물 속에서 한국 경제 부흥의 상징인 '한강의 기적'이 이루어졌음을 우리는 기억해야한다.

11. 지도자의 삶

한 나라의 국민들이 행복한 삶을 영위하기 위해서는 그 국가를 이끌어 가는 지도자를 잘 만나야 하는 것은 너무나 자명한 일이다. 그 지도자가 추구하는 철학이 빈곤하고, 방향이 잘못 되었을 때 국민들이 겪는 고통과 불행은 이루 말할 수가 없다. 개인의 시행착오는 그 여파가 한 가정에 그치고 마나, 국가의 지도자는 나라를 송두리째 혼란의 도가니 속에 집어넣어 역사를 후퇴시키기 때문이다.

그래서 예로부터 나라를 다스리는 자는 사심이 없어야 하며 오직 '민심(民心)이 천심(天心)'이라는 말을 경구로 삼아야 한다고 했다.

자신의 명예와 권력에 대한 집착은 자기 자신 뿐만 아니라 그가 이끄는 나라를 망국의 길로 인도한다는 평범한 진리를 망각 하고,집권 중에 온갖 사리사욕에 눈멀고, 임기후의 은퇴를 걱정하여 이에 대한 준비에 혈안이 된다면 어느 누가 그를 존경하겠는가?

한 개인도 지나친 호화 분묘를 조성하면 손가락질을 받고, 과도한 저택을 지으면 마을 사람들의 눈총을 받는다. 더욱이 공인이 되면 처신에 조심해야 하는 것은 두말 할 나위가 없다.

미국의 카터 전 대통령은 은퇴 후 사회봉사 활동에 팔을 걷어 부치고 나섰다. 그는 집이 없는 가난한 사람들에게 집을 지워주는 봉사활동을 위해서 세계 어느 곳이나 찾아간다.

손에 망치를 들고 지붕위에 올라가 못을 박는 카터 전 대통령의 모습이 얼마나 감동적인가! 국가와 인종을 초월하여 지구촌의 모든 집 없는 사람들을 위하여 봉사하는 그 정신을 우리나라 전직 대통령들도 좀 배웠으면 한다.

일국의 지도자는 은퇴 후에 자신의 편안한 안위를 걱정해서는 안 된다. 한 나라의 대통령이 되었으면 그 무엇이 부족한가? 이제는 민초들과 함께 어울려 남은 생애를 봉사한다면 역사는 그를 위대한 인물로 기록할 것이다. 조국을 위해서 더 나아가 세계를 위해서 무엇을 할 것인가 골똘히 고민하는 대통령이 그립다.

12. 뱃멀미하는 국민

상당히 오래전에 해양대학에 있는 김 교수가 바다낚시를 나가자고 초대했다. 약속된 날에 군산 선착장에서 만나 고군산 열도를 향해서 출발했다. 말만 듣던 바다낚시를 처음으로 해보는 것이라 마음이 사뭇 부풀어 있었다. 마침내 우리가 탄 배가 고군산 열도에 있는 작은 섬에 도착했다. 이촌계장님이 준비해놓은 제법 큰 어선을 타고 우리 일행은 넓은 바다로 나갔다.

낚시 줄을 던져 놓았지만 고기가 전혀 입질이 없었다. 그래서 다시 섬으로 돌아가 모타 보오트로 갈아타고 섬에서 좀 떨어진 바다로 나와 낚시 줄을 던졌다. 던지자마자 조기가 올라왔다. 또 던졌다. 또 조기가 올라왔다. 잡는 재미에 시간가는 줄을 몰랐다. 한참 시간이 지났을 무렵에, 파도를 타고 불어오는 바람에 보·트가 출렁거리더니 뱃멀미가 나기시작 했다. 뱃멀미가 나니 이젠 조기가 올라오는 것도 귀찮아졌다.

속이 너무나 울렁거려 도저히 참을 수 가없었다. 금방 토할 것 같은 메스꺼움에 어찌할 바를 몰랐다.

이렇게 뱃멀미가 사람을 괴롭히는 고통임을 처음으로 체험했다. 그래서 다음에는 천만금을 주어도 다시는 바다낚시는 하지 않겠다고 결심했다. 뱃멀미는 정말 인내하기 힘든 지독한 고통이었다.

어제 방송, 신문을 도배하다시피 장식한 기사 내용은 우리나라 대통령의 연설 내용이었다. 대통령은 민주평화통일 상임위원 350여명 앞에서 70여분 동안 격한 말투와 제스처까지 동원하여 열정적인 말을 쏟아냈다고 한다.

그 말들이 평소에 생각했던 대통령의 본심을 너무나도 극명히 보여주었다는 보도다. 정말로 상상할 수 없는 일이었다. 아무리 생각해도 이해가 되지 않는다. 어떻게 한 나라의 대통령이 자기민족의 역사를 폄하하며, 자기 국민과 국군과 국가 원로와 동맹국을 공개 성토할 수 있는가? 보수와 진보, 좌파와 우파, 부자와 서민 등 양자간의 갈등을 해소하고 국민 화합으로 나라를 이끌어야할 책무를 다해야하는 것이 대통령의 직무이기에 국민에 큰 실망과 분노를 사기에 충분했다.

대한민국이라는 항공모함을 어떤 풍랑이 몰아쳐도 안전하게 운항해야하는 대통령이 국민을 좌우로 흔들어 뱃멀미가 나게 해서는 안 된다. 뱃멀미하는 사람은 모든 것을 토해내고 일어설 기운조차 없어 시체처럼 누어있어야 한다. 정말 심각한 일이 아닐 수 없다.

이 어려운 시대에 험난한 풍파를 잘 추스르고 우리 모두 뱃멀미에서 벗어났으면 좋겠다. 뱃멀미에는 약이 없다. 배가 뭍에 도착할 때 까지 기다리는 수밖에 다른 도리가 없다. 제발 어서 빨리 배가 뭍에 닿았으면 좋겠다.

13. 일본은 왜 그런가?

미테랑이 프랑스 대통령으로 재직하고 있을 당시에 스위스를 방문한 적이 있었다. 그 당시에 알프스 산 아래에 살고 있는 산골 마을 사람들이 미테랑 대통령을 찾아갔다. 그들은 약 200년 전에 나폴레옹 군대가 자기네 마을에 와서 남긴 여러 가지 부채를 보상 할 것을 요구했다. 이에 미테랑은 약속을 했고, 그 후 프랑스 정부는 그 부채를 곧 바로 갚아주었다.

1970년 어느 추운 겨울날에 서독의 빌리 브란트 총리가 폴란드를 방문했다. 그는 바르샤바에 있는 무명용사 기념비에 찾아가 무릎을 끓고 앉았었다. 그것은 세계 제2차 대전 당시 히틀러 나치스 군대가 수많은 폴란드 국민을 살해한 악행에 대한 속죄의 표시였다.

프랑스와 독일의 지도자들과는 대조적으로 일본의 지도자는 어떠한가? 역사적인 사실에 대한 진실을 숨기고 왜곡하는 그들의 행위를 보면, 속죄의 모습은커녕 일말의 양심도 없는 것에 분노를 느끼지 않을 수 없다.

심지어 다케시마의 날 까지 제정하며 억지를 부리는 그들의 모습에서 과거 역사에 대한 진솔한 사과를 기대할 수가 없다.

일본이 우리나라를 침략하고 통치하면서 저지른 만행은 나치스 못지않게 잔학했다. 민비 살해, 학도병 징용, 종군 위안부, 문화재 수탈, 조선어 말살, 성씨 개명 등 그들의 만행은 이루 다 말할 수 없다.

내가 1990년에 일본을 처음 방문 했을 때 느낀 점은 일본인의 이중성이었다. 겉으로는 얼마나 친절한지 모른다. 한 예로 내가 실수하여 상대방의 어깨를 부딪치면 나에게 곧장 '미안 합니다'(스미마생) 라고 하니 내가 오히려 무안했다. 그러나 그들의 속마음은 그렇지 않았을 것이다. 지나친 겸손은 오만과 통한다는 말이 생각나서 나는 일본인의 사과에 기분이 좋지 않았다.

강자에게는 약하고 약자에게는 강하다는 일본인의 기질은 국제관계에 있어서도 잘 나타난다. 초강대국 미국에 대해서는 비굴할 정도로 저자세이며, 러시아와 중국과의 영토 분쟁에 있어서도 허리를 낮추고 대화한다. 그런데 우리나라 독도에 대해서는 악착같이 적극적으로 대처하고 있다.

일본은 왜 그런가? 아무리 이해를 하려해도 이해가 되지 않는다. 일본의 지도자들은 프랑스와 독일의 지도자들처럼 진솔한 마음으로 지난 과거의 역사를 반성하고 속죄하는 모습을 보여야한다. 그렇게 한다면 일본은 국제적 유대관계에 있어서 외롭지 않을 것이다. 바라는 바인데 다음세대의 일본에서는 새롭게 태어나는 일본을 기대해 본다.

14. 황희 정승의 판결

초등학교 때부터 대학에 이르기 까지 우리나라 학생들은 정오(正誤)문제에 길들여져 왔다. 서구의 이런 교육 방법이 도입된 이후 정오(正誤)답을 선택하는 문제는 은연중 우리의 뇌리 속에 침잠(沈潛)되어 우리의 사고를 지배하게 되었다. 좋은 책과 나쁜 책, 좋은 친구와 나쁜 친구, 좋은 선생님과 나쁜 선생님등과 같은 이분법적 대립구조는 또 다른 선택의 여지를 남겨 두지 못했다.

비합리적 모순이 생기면 그것을 여지없이 버리는 데카르트식 서구의 사고행위는 제3의 선택을 배제해 버린다. 이런 서구적 사고는 양자택일 식으로 둘 중에서 하나는 옳고 하나는 그르다. 하나는 상을 주고 하나는 벌을 받는다. 이것이 서구적 사고방식이다.

조선조 시대에 명재상으로 유명한 황희 정승이 있었다. 어느 날 종놈 둘이서 검정소와 누렁소를 데리고 밭에서 일을 하고 있었다. 한 종놈이 황희정승에게 다가와 물었다. ‘두 마리 소중에서 누렁소가 일을 더 잘 하지요?’ 라는 종놈의 말에, ‘응, 그렇다.’라고 황희정승이 대답했다. 그러자 검정소를 데리고 일을 하던 종놈이 물었다. ‘아닙니다. 검정소가 일을 더 잘 하지요?’ 라는 말에 황희정승은 또 ‘응, 그렇다.’ 라고 대답했다. 옆에서 이 말을 듣고 있던 부인이 하도 어이가 없어서 말했다. ‘아니 두 마리 소중에서 일 잘하는 소를 한 마리만 말씀하셔야지, 어찌 그렇게 말씀하십니까?’ 라는 부인의 말에 황희정승은 ‘아, 임자 (부인) 말도 맞소.’라고 대답했다. 그리고나서 황희정승은 의아하게 생각하는 부인에게 다가가서, 소 귀에 들리지 않도록 귓속말로 ‘어느 한 마리 소만 일을 잘한다고 말하면 다른 소가 서운하게 생각 할 것 아니오.’ 라고 설명해 주었다고 하는 일화가 전해 내려오고 있다.

이런 황희정승의 일화를 통해서 우리는 한국인 특유의 조화와 융합의 사고를 엿 볼 수 있다. 상반되는 두 개의 질서가 서로 대립하고 분열하여 하나를 배제하는 서구의 사상보다는 대립하고 모순되는 것을 서로 융합시키는 것이 우리의 사고다.

흑백의 양자선택이 강요되는 사회에서는 항상 어느 한쪽이 이기고 어느 한쪽은 지기 마련이다. 그래서 이 세상은 선택된 한쪽만이 지배하는 사회가 된다. 그러나 흑백의 이분법 사이에 흰 것도 아니고 검은 것도 아닌 회색의 지대가 있음을 인정한다면 대립과 모순의 구도에서 벗어나 다양화와 다원화의 사회로 발전하여 조화로운 사회를 만들 수 있음을 인식하게 될 것이다.

15. 중용(中庸)

중용(中庸)은 동.서양에서 철학의 기본 개념으로 출발하였다. 동양에서의 중용은 유학 경전인 사서의 하나로서 공자의 손자인 자사(子思)가 지은 것으로 알려져 있다. 그는 중용의 덕(德)과 인간의 본성인 성(性)에 대하여 설명하기를 지나치거나 모자람이 없이 도리에 맞는 것이 '중(中)'이며 평상적이고 불변적인 것이 '용(庸)'이 라고 했다.

서양에서의 중용은 모든 것에 있어서 그 어느 쪽으로도 치우치지 않는다는 희랍의 개념을 나타낸다. 아리스토텔레스의 윤리체계의 핵심을 이루고 있는 중용은 덕론(德論)의 중심 개념인바, 이성으로 욕망을 통제하고, 지견(知見)에 의하여 과대와 과소가 아닌 올바른 중간을 정하는 것이라고 한다.

20세기에 들어와서 아놀드 토인비 (Arnold Joseph Toynbee) 박사가 그의 걸작 <역사의 연구> (A Study of History)에서 인류의 역사를 '도전과 응전' (Challenge and Response)의 법칙으로

설명함으로서 '중용' (Golden Mean)이 논의의 대상이 되었다.

토인비는 그리스의 역사학자 헤로도투스의 '이집트는 나일 강의 선물이다.' 라는 말을 '도전과 응전'의 원리로 설명했다. 즉 자연의 도전에 대한 인간의 응전이 문명의 발전에 바탕이 되었다는 것이다. 다시 말해서 해마다 겪게 되는 나일강의 범람이 태양력, 기하학, 건축학, 천문학 등을 발달하도록 했다는 것이다.

토인비는 인류의 수많은 문명사를 살펴보아도 그 생성과 소멸이 도전과 응전이라는 이 원리에 적용된다고 주장했다. 예를 들어 잉카문명, 마야문명 그리고 메스포타미아 문명 등은 그 흔적도 없이 사라져 버린데 반해서 중국을 중심으로 한 극동문명, 인도문명, 이집트문명 등은 건재하다는 것이다. 그 이유는 자연 재해나 외세의 침략 같은 도전을 받지 않는 문명은 스스로 사멸해 버리지만, 많은 도전을 빚았던 문명은 오히려 발전한다는 것이다.

세계사의 흐름에서도 도전에 대한 응전의 저력을 갖추지 못한 국가나 민족은 자연 소멸 되었다는 사실도 토인비가 주장하는 문명의 발생, 성장, 쇠퇴, 해체의 과정을 웅변으로 말해주고 있다.

서양의 중용이론은 인류의 문명에 주안점을 두고서, 자연이나 외세의 어떤 도전도 받지 않고 안락한 환경 속에 있는 문명과, 너무나 열악한 자연 환경과 무자비한 외세의 침략을 받은 문명은 생존할 수 없었고, 중간 정도의 적절한 도전을 받았던 환경에 있었던 문명이 발달해 왔다는 것이다. 즉 중용의 도전이 문명의 발달에 기여했다는 것이다.

우리 부모들이 자식 교육에 흔히 쓰는 말인, '너무 앞서지도 말고 그렇다고 너무 뒤서지도 말라. 그냥 중간 쯤 가라.'라는 이 말속에는 동서고금의 많은 학자들이 주장한 '중용'의 이론과 상통한다. 동양의 중용이론은 사람이 갖추어야 할 덕성과 도리를 강조하여, 너무 낮지도 않고, 너무 높지도 않고, 너무 강하지도 않고, 너무 약하지도 않고, 너무 크지도 않고, 너무 작지도 않는 것이 바로 중용을 지키는 것이라고 주장한다.

나는 아들 하나에 딸을 둘 두었다. 지금은 많다고 할지 몰라도 그 당시에는 많지도 적지도 않은 '중용'에 해당되었다. 아들과 큰딸은 초등학교 때부터 줄 곧 1등을 했지만, 막내딸은 우등상을 탈 정도이었다. 특히 아들은 계속 뒤 쫓아오는 2등 때문에 스트레스를 많이 받았다. 시험이 끝나고 성적표가 나오면 항상 2등 학생이 찾아와서 다음에 두고 보자고하니 늘 마음이 편할 날이 없었다.

아들은 온갖 문제집을 있는 대로 다 사다가 샅샅이 뒤지며 공부를 하니, 본인뿐만 아니라 옆에서 보는 부모도 스트레스를 받기는 매한가지였다. 지금까지 한 번도 놓치지 않은 1등을 포기한다는 것을 수치며 모욕으로 생각한 아들은 정신적 부담이 대단했을 것이다.

그래서 나는 아들에게 '2등, 3등이 좋은 것이다. 마라톤을 할 때에도 2등, 3등으로 달려야 스트레스도 받지 않고, 힘도

축적되어서 마지막에 1등을 하게 된다.' 라고 설득을 했다. 그러나 나의 조언은 아무런 설득력이 없었다. 아들은 이론적으로는 공감을 하나, 감정이 뒤 따르지 않은 것 같았다. 뒤 쫓아오는 2등의 도전이 있기 때문에 계속해서 1등을 할 수 있다는 것은 토인비의 이론이고, 너무 높지도, 너무 크지도 말라는 나의 조언은 공자의 주장이다.

영어로 '중용'은 'Golden Mean', 즉 '황금의 중간' 이라는 말이다. 이처럼 한 가운데가 황금인데, 사람들은 왜 그 가운데 있는 황금을 보지 못하고 앞쪽만 바라보는지 정말 답답할 노릇이다.

16. 부권(父權) 상실의 시대

오늘의 이 시대를 아버지가 없는 시대라고 한다. 아버지는 있으되 가장(家長)이 없는 시대라는 말이다. 아버지는 가장으로서 한 가정의 권위와 질서를 상징하며, 가정의 법을 지키는 엄한 규범의 모습이다. 그래서 한자인 지애비 부(父)자에는 도끼가 두 자루나 있다.

그런데 오늘날 우리는 부권(父權)이 상실된 시대에 살고 있다. 우리네 가정을 한번 들여다보자. 자식들은 아빠보다 엄마를 더 무서워한다. 남편도 아내의 눈치를 보고 심지어 시어머니도 며느리의 눈치를 보는 세상이 되었다.

우리들 아버지의 권위와 지위의 추락은 지금까지 우리가 지켜온 가부장 제도의 붕괴를 의미하며 기존의 가치와 전통에 대한 도전이다.

아버지의 부재는 가정에서 사회로 확대되어 남성과 여성이 가지고 있는 근본적인 성(性, gender)에 대한 혁명으로까지 나타난다. 여성의 사회적 진출이 증가됨에 따라, 상대적으로 남성이 위축되고 여성화 되어가는 경향이 뚜렷하다.

남성 간호사, 남성 요리사, 남성 가정부 등과 같은 여성 전유물처럼 되었던 직업을 남성이 대신하게 되었고, 여성 조종사, 여성 사관생도, 여성 축구선수 등과 같은 남성도 하기 힘든 직업에 여성이 종사하는 세상이 되었다.

이처럼 성의 혼돈은 기존의 성에 대한 개념을 바꾸어 놓았고, 남성으로 하여금 위기의식을 느끼게 하고 있다. 사회적, 경제적 측면에서도 여성이 남성보다 더 우월한 위치에 있는 경우가 많다 보니, 여권이 강해지고 가정에서도 부권(父權)보다 모권(母權)이 더 힘을 가지게 된다. 이런 사회적 변화도 부권상실에 한 몫을 하고 있다.

우리가 남녀평등을 여과 없이 추종한 서구사회에서도 여성이 결혼을 하면, 처녀시절의 성씨(姓氏)를 버리고 남편의 성씨로 바꾼다. 이것이 부계사회의 법과 질서를 유지하기 위한 올바른 사회적 규약이다.

그런데 우리는 다른 모든 것들은 서구문화를 추종하면서 왜 이런 제도는 따르지 않고, 오히려 남성호주제의 폐지나 자녀에게 아내의 성씨를 부여할 것을 고집하는지 이해할 수가 없다.

우리가 옛날 원시사회처럼 모계사회로 돌아간다면 어떤 일이일어 날것인가? 가정의 질서는 붕괴될 것이며, 사회적 법률과 도덕적 규범이 파탄에 이를 것이다. 그 결과 우리사회는

아비 없는 '호로 자식'의 사회로 추락할 것이라는 것은 의심할
여지가 없다.

　농경사회에서 산업사회로 그리고 정보화 사회로 변천하
는 과정에서 남성 위주의 부계사회가 위협을 받고 있다. 오늘
의 정보화 사회는 남성적 근육질의 힘을 필요로 하지 않는다.
완력의 힘보다는 세밀하고 섬세한 작업에 능력이 있는 자가
우대받고, 명석한 두뇌로 정밀하고 미세한 업무에서 성과를
내는 자가 승리자가 되는 세상이다.

　그러나 주객이 전도된 사회는 건강할 수 없다. 남성이 집
안일이나 하고, 여성이 밖에 나가서 일하는 것이 행복한 가정
이라고 말 할 수는 없다. 법과 질서가 유지되기 위해서, 무엇
이 원칙이며, 무엇이 개인과 사회를 행복하게 만들 수 있는가
를 우리 모두가 진지하게 고민하여 가정과 사회의 위기를 극
복해야한다.

17. 일탈(逸脫)

　요즈음 같은 초가을에는 날씨도 서늘하고 마음도 맑아져서 책을 읽기에 아주 좋다. 밤에는 풀벌레 소리와 더불어 홀로 조용히 책상 앞에 앉아 나만의 시간 속에서 마음의 산책을 글로 표현하고도 싶다. 책을 읽고 글을 쓰는 시간에는 내 마음도 차분해지고 안정되어, 평소에 내 마음속 깊이 잠제해 있던 내면의 자아와 얼굴을 마주하고 이야기를 나누게 된다.

　나는 아직은 영상 매체를 통해서 글을 읽는 것이 잘 적응이 되지 않아서 그런지 몰라도, 책속의 활자를 보는 것이 마음이 평안하고 여유가 있어 많은 생각들과 상상력을 불러일으키게 된다. 가끔 컴퓨터 키보드를 두드리며 글을 써보면, 어쩐지 모든 상념들이 파괴되는 느낌이어서 나는 펜으로 글을 쓰는 것을 습관화하고 있다. 이런 습관은 나에게는 더욱 많은 것들을 연상하는데 도움이 된다.

　그래서 나는 아나로그 세대라고 핀잔을 들을지 모르지만,

하얀 종이위에 찍힌 활자를 보는 것이 더 좋다. 왜냐하면 책은 비어있는 행간의 공백에서 많은 생각과 상상을 할 수 있기 때문이다. 물론 컴퓨터 화면의 글에도 행간은 있지만 '윙'하는 기계음 소리가 귀에 거슬리고 신경이 쓰여 정신집중이 어렵다.

가을은 책을 읽고 글을 쓰기에도 좋은 계절이기도 하지만, 일상에서 벗어나 멀리 여행하기에도 좋다. 읽던 책을 덮고 잠시 휴식을 취하며 하늘을 바라보자. 하늘엔 흰 구름이 몇 조각 두둥실 떠다닌다. 영국의 수필가 윌리암 헤질리트(William Hazlitt)의 <아무것도 하지 않는 것에 대하여>(On Doing Nothing)에서 그가 그토록 찬미한 뒷동산의 흰 구름 여행이 아니더라도 좋다. 누구나 가을 하늘에 떠다니는 하얀 구름을 보면 마음이 설레기 마련이다.

이 청명한 가을날엔 누구나 어디론가 먼 길을 떠나고 싶다. 일상에 지친 생활로부터 탈출하여 해방감을 맛보고 싶다. 그렇다고 누군가 나를 구속하고 있는 것도 아닌데 말이다.

특별히 얽매이는 환경 속에 있지 않은 사람들도 가을엔 매일 반복되는 일상에서 벗어나고 싶다. 코스모스가 하늘거리는 시골길을 한없이 걷고 싶기도 하고, 아름답게 물든 단풍나무 숲속을 거닐고도 싶다. 이것은 어느 의미에서는 일상에 찌든 때를 씻어버리고 싶은 몸부림이며, 아름다운 자연의 품속에서 정신적 안식을 소망하는 바람이기도하다.

하얀 구름이 파란하늘에 걸려있는 이 청명한 가을날에 집안에만 있는 것은 아름다운 가을 하늘에 대한 모독이다. 가을은 이처럼 독서의 계절과 여행의 계절이라는 야누스의 얼굴을 가지고 있는 것 같다. 왜냐하면 야누스의 가을은 독서로 우리의 삶을 더욱 풍요롭게 만드는가 하면, 독서에서 잠시 눈을 돌려 일탈의 즐거움을 만끽하도록 하기 때문이다.

18. 시간(時間)아, 멈추어라

‘똑같은 강물에 발을 두 번 담글 수 없다.’ 는 말처럼, 한번 발을 담근 강물은 이미 멀리 흘러가 버린다. 시간도 흐르는 강물처럼 한번 지나가면 영원히 다시 돌아오지 않는다.

그렇기 때문에 우리는 흘러간 시간을 아쉬워하고, 안타깝게 생각하며 그것을 영원히 붙잡아 두고 싶어 한다.

이런 시간에 대한 강한 집착은 우리를 시간 속에 감금하고 구속한다. 시간을 쫓으며 살아가는 삶이나, 시간에 쫓기며 살아가는 삶이나 다 같이 시간의 강박관념으로 부터 벗어날 수는 없다.

시간을 쫓는 자는, 돈을 쫓는 자처럼 물질만능주의 함정에 빠지기 싶다. 시간에 쫓기는 자도 불안과 초조 속에서 비정상적인 삶을 살아간다. 우리가 어느 길을 선택하든 우리는 시간으로부터 해방될 수 없다. 이것이 바로 우리가 시간의식에 종속되어 살아가는 이 시대의 우리들의 모습이다.

농경사회에서 산업사회로 이동하면서 이런 시간의 강박관념은 더욱 더 심화되어 우리의 삶을 지배하게 되었다. 옛날의 목가적 전원생활에서는 우리는 배가 고프면 밥을 먹고, 일하고 싶을 때 일을 하며 아무런 시간관념이 없이 자유로운 삶을 살았다. 다시 말해서 시간으로부터 해방된 삶이었다.

그러나 근대에 들어오면서 우리는 시간의식을 하게 되었고, 시간 속에 스스로 구속되어 시간으로부터 벗어날 수 없게 되었다. 우리가 시간으로부터 자유로워지면 우리는 예전처럼 진정한 행복을 누릴 수 있을 것이다.

그러나 과거로 되돌아 갈수도 없고, 현재의 시간으로 부터 도피할 수도 없다. 그렇다고 우리의 현재생활을 지배하고 있는 물리적 시간을 파괴할 수도 없다. 그렇다면 어떻게 해야 할까? 어떻게 해서 시간의 구속에서 벗어날 수 있을까? 이것이 오늘을 사는 현대인의 가장 큰 고민이다.

옛날의 제왕들은 그들의 권력과 명예와 부를 영원히 소유하기 위해서 시간을 정복하고자 했다. 이 시간과의 전쟁의 한 방법으로 진시황제는 불노초를 찾았다. 그러나 영원한 젊음을 추구하기 위한 그의 노력은 흘러가는 시간과의 싸움이었다. 그러나 흐르는 강물줄기를 막을 수 없듯이 그 헛된 욕망은 실패하고 말았다.

마침내 그는 자신이 죽은 뒤에 지하의 세계에서 영원한 권력과 명예를 누리기 위하여 거대한 황릉을 조성했다. 이런 뜻을 가진 역대제왕들의 무모한 헛된 꿈은 진시황릉 이나 우리나라의 천마총과 같은 유적으로 남아서, 오늘날 많은 관광객들의 눈요기 거리로 전락되고 말았다.

물리적 시간을 정지시키고 싶은 욕망은 인간의 영원한 소망이었으나, 그것은 자연의 섭리를 이해하지 못한데서 오는 탐욕으로 변질되어 많은 과오를 남겼다.

이와는 대조적으로 경험적 시간은 우리 의식의 내면세계의 시간이기 때문에 물리적 시간과는 다르다. 한 개인이 경험한 과거로의 여행, 그리고 다가올 미래에 대한 공상은 의식의 여행이기에 스쳐 지나 갈수도 있고, 또 학문적으로 축적되어 철학이나 문학으로 승화되기도 한다.

물리적 시간이든 경험적 시간이든 시간의 유동성으로부터 벗어나고자하는 욕망이나, 모든 사물이 변함없는 상태로 지속되기를 바라는 갈망은 아름다운 꽃이 시들지 않고 영원하기를 소망하는 것과 다를 바 가없다. 이처럼 시간의 영원성에 대한 염원은 시간을 멈추고자하는 인간의 끝없는 욕망이며 도전이었다. 인류의 역사상 그 어느 누구도 시간을 정복할 수는 없었다. 시간과의 싸움은 그가 누가되었던 그를 더욱 비참한 패자로 만들었다. 그것은 인간이 무리하게 자연을 정복하고자하는 불가능한 도전을 감행한 대가이기도 했다.

영원히 정복할 수도 없고, 도저히 붙잡을 수 없는 친구, 그리고 뒤도 돌아보지도 않고 쇠귀신처럼 뚜벅 뚜벅 걸어가는 시간에게 소리쳐본다.

시간(時間)아! 너, 발도 아프지 않냐? 좀 쉬었다 가라. 제발, 내말에 귀 좀 기우려라. 다시 한 번 불러본다.

시간(時間)아! 너, 걸음을 멈추어라!

제 3 부

생 활

1. 등잔불

나는 어린 시절에 등잔불 밑에서 공부를 했다. 그 희미한 등잔불에도 불구하고 아직까지 나의 시력에는 신통하게도 아무런 이상이 없다. 한번은 어쩌다가 옛날 생각이 나서 등잔불을 켜놓고 책을 읽어보니 너무나 어둡고 침침해서 글자를 잘 읽을 수가 없었다.

지금은 시골 오지(奧地)까지 전기가 들어와서 환한 전기 불빛에 적응이 된 눈이 옛날의 등잔불을 외면하는 것 같아서 못내 마음이 섭섭했다.

내가 어렸을 적이었다. 어쩌다 도시에 있는 친척집에 가서 대낮처럼 밝은 전기 불을 보면, 하도 신기해서 혹시 입으로 불면 꺼지지나 않을까하여 불어 보기도 했었다. 그 당시 순진한 시골 소년에게 도시의 전기불은 큰 충격이었다.

등잔불은 참 이상하게도 마음을 차분하게 안정 시켜주고 정신을 집중 시켜 준다. 그래서 그런지 등잔불을 켜놓고 책을 읽으면 마음이 착 가라앉아 깊은 생각에 쉽게 몰입해진다. 그러나 전깃불 밑에서는 너무 밝아서 그런지 정신이 좀 산란해지는 느낌이다. 오늘날에도 내가 아는 수학교수 한분은 꼭 등잔불을 켜놓고 공부를 한다. 그 이유는 정신이 잘 집중된다는 것이다.

옛날 무더운 여름철에 등잔불 밑에서 공부한다는 것은 정말 고역이었다. 온갖 모기와 날 파리들이 등잔불로 모여들고 심지어 나방이 까지 등잔불 속으로 뛰어들기 때문이다.

나는 어린 시절에 이런 곤충들의 습격을 피해서 모기장 속에다 등잔불을 켜 놓고 공부를 했다. 지금 생각하면 정말 위험하고도 철없는 짓이었다.

나의 이런 모습에 애간장이 탄 사람은 어머님이었다. 어머님은 늘 마루에 앉아서 부체로 모기를 쫓으며, 내가 책을 덮고 등잔불을 끌 때 까지, 잠을 주무시지 못하고 모기장 옆에서 나를 지켜보았다. 혹시라도 모기장에 불이 붙을까 어머님은 늘 노심초사하며 잠을 이룰 수가 없었던 것이다.

지금 생각해 보면 내가 왜 그 당시 어머님의 마음을 헤아리지 못 했던가 내 자신이 원망스럽다. 자식이 공부한다는데 하지 말라고 할 수도 없고, 모기가 득실거리는데 모기장 밖으로 나와서 공부하라고 할 수도 없고, 이러지도 저러지도 못하는 어머님의 마음이 얼마나 괴로웠을까. 지금에서야 생각해 보니 너무도 죄송한 마음을 금 할 수가 없다.

그 추억의 등잔을 나는 지금 정성스레 서가(書架)에 모셔

놓고 있다. 그 어떤 귀중품보다도 나에게 그 옛날의 등잔은 소중한 보물이며 가보다. 돌이켜보면 나의 어린 시절의 꿈과 청년시절의 모든 생각과 지식들이 그 등잔불 밑에서 이루어 졌기에 더욱 애착이가는 소장품이다.

혹자는 첨단 테크놀로지 시대에 먼 옛날의 등잔 이야기가 무엇이 그리 대단한 것이냐고 웃을지 몰라도, 나에게 있어서 그 등잔은 나의 소년시절과 어머님과 그리고 모기장속에서 읽었던 책들에 대한 옛 추억의 묵은 정(情)이 묻어있기 때문 이다. 사실 나는 옛날 등잔불 시대에 지금보다 더 많은 것들 을 생각했고, 등잔불 아래에서 나의 미래를 설계했고, 심지어 인류의 장래에 대해서까지도 많은 고민을 했다.

오늘날 첨단 기계의 풍요 속에서 단말기 하나로 세계 어 느 곳에서나 인터넷이 가능한 편리한 시대에 살고 있지만, 우 리에게 부닥친 문제는 아주 심각하다. 생활의 안락함 보다는 오히려 이런 첨단기술 속에 우리 인간이 예속되어 상호간의 감정이나, 정신적 교감을 교류할 수 있는 기회가 점점 멀어지 고 있기 때문에 인간관계가 더욱 소원(疏遠)해져가고 있다.

직접 서로 만나서 대화하기 보다는 전자통신 매체를 통해 서 자기 의사나 감정을 전달하고, 비추얼 공간에 매료되어 자 연의 감동이나 생명의 신비마저 느끼지 못하고 비인간화 되 어가는 것이 오늘날의 현실이다.

우리의 미래는 급속히 발전하는 첨단과학에 의하여 더욱 더 편리해지고 안락해질 것이다. 그러나 아무리 과학이 발전한다 하더라도 인간의 존엄성이 존중되고, 이웃 간에 정을 나누는 인간관계가 있어야 첨단기술도 그 존재가치가 있는 것이다.

매일 눈부시게 발전하는 이 첨단과학의 시대에 나는 사람 냄새가나는 그 옛날의 정겨운 등잔불이 더욱 더 그리워진다.

2. 외갓집

　어느 누구를 막론하고 외갓집은 항상 마음속에 그리움으로 남는다. 외갓집은 어머니 손을 잡고 깡충 깡충 뛰면서 간다. 그처럼 신바람이 나서 갔던 외갓집은 어른이 된 뒤에도 생생하게 기억에 남는다.

　외갓집은 다른 어느 친척집 보디 좋다. 외갓집 내문 안으로 들어서면 외할머니, 외할아버지, 이모. 외삼촌이 함박웃음을 지으며 두 손을 벌려 반갑게 맞아준다. 이처럼 외갓집 식구들이 모두 다 귀여워 해주니 외갓집은 오랫동안 머무르고 싶은 곳이다.

　나는 어렸을 때 외갓집에 갈 때는 기차를 타고 갔다. 외갓집은 남원읍 가는 기차를 타고 가다가 남원 거의 못미처 있는 서도역에서 내려서 걸어갔다. 외갓집까지 약 오리쯤 되는 길을 한참 걸어가면 소나무가 빽빽이 서있는 산모퉁이가 나왔다. 그 곳을 막 돌아서 가면 마을이 있는데, 그 마을 한 가운데 있는 기와집이 우리 외갓집이었다.

외갓집 대문을 밀고 들어가면 사랑채가 있었고, 조금 더 걸어가면 광채가 나오고, 그리고 조금 더 가면 안채가 있었다. 안채는 토방이 어찌나 높은지 마치 성벽처럼 보였다.

안채 큰방에서 뒷문을 열면 대밭이 있었다. 대밭에는 닭들이 돌아다녔고, 대숲을 스치는 바람소리가 요란했다.

외갓집에는 먹을 것도 많았다. 이대 독자인 외손자가 왔으니 곶감이며 엿이며 온갖 맛있는 것들을 다 내놓았다. 안방에 엄마와 함께 모든 외갓집 식구들이 삥 둘러 앉아 즐겁게 이야기를 나누니 웃음소리가 방안에 가득했다.

작년 여름이었다. 지리산을 갖다오는 길에 춘향이 고개를 넘어 오래간만에 외갓집을 찾았다. 그러니까 거의 30년이 흘러서 외갓집을 찾아갔다. 옛날의 오솔길은 이젠 깨끗한 아스팔트길로 포장되어 있었다. 마을에 들어서니 세월이 너무 많이 흘러서인지 아는 사람이 아무도 없었다. 외갓집은 쓸쓸했다. 옛사람들이 모두 저 세상으로 떠나가셨고, 마을도 많이 변모되어 있어 옛날의 외갓집 정취를 전혀 느낄 수 없었다.

세월의 무상함을 탓하며 허전한 마음으로 돌아오는 길에, 옛날에 외갓집에 갈 때마다 기차에서 내렸던 서도(書道)역이 보고 싶었다. 서도역은 남원읍 가기 직전의 조그마한 시골 기차역이었다.

너무도 오래간만에 서도역을 보니 마치 옛날에 쓰다가 버린 낡은 그릇처럼 처량하게 보였다. 이제는 기운이 쇠잔하여 기력이 다된 시골 노인네 같은 서도역을 뒤로하고, 조금 가다 보니 '최명희 혼불 문학관' 이란 안내판이 도로가에 서있었다. 안내판을 따라가니 한가로운 시골길에 꽃들이 싱그렇게 피어 하늘거리고 있었다.

약 5분쯤 가니 노봉 마을 입구에 도착했다. 주차장에서 내려 좀 더 걸어가니 커다란 바위 돌에 '혼불 문학관'이란 글자가 선명하게 음각되어 있었다. 문학관 마당에 들어서니 건물 두 동이 눈에 들어왔다. 본관 건물에는 '관리사무소'라는 간판이 걸려있고, 바로 왼쪽에는 누각이 이어져 있었다.

찾아온 김에 누각에 올라가 주위를 둘러보았다. 확 트인 넓은 마당이 마음에 들었다. 그런데 정작 주 건물이어야 할 '혼불 문학관'은 마당 건너편에 자리 잡고 있어 마치 행랑채처럼 보였다. 하도 어이가 없어 관리사무소로 들어가서 핀산 섞인 조언을 했다. 문학관을 본관에 두고, 관리사무소는 주차장 한쪽 구석에 있어야지, 이런 건물 배치는 주객이 전도된 짓이 아니냐고 열변을 토했다. 괜히 아무 허물도 없는 말단 직원에게 화를 낸 것 같아 겸연쩍었다.

다시 마당으로 나와서 앞산을 바라보니 이름 그대로 노적가리를 쌓아 놓은 것 같은 노적봉이 한눈에 들어왔다. 노적봉은 옛날이나 지금이나 그 짙푸른 산세를 자랑하고 있었다.

문학관 바로 아래에는 아담하고 평온한 노봉마을이 예나 다름없이 노적봉을 ·바라보고 있었고, 소설 속에서 청암 부인이 가뭄을 대비하여 팠다는 청호 저수지도 물이 가득 차 있었다. 더욱 풍광을 돋우는 것은 저수지를 굽어보는 짚으로 지붕을 이은 조그마한 정자(亭子)이었다.

한참 동안을 이리 저리 돌아다니며 구경을 하다가 '혼불 문학관'이란 간판이 걸려있는 행랑채로 들어섰다. 작가의 사진과 친필 원고가 전시되어 있었고, 소설속의 몇 장면들이 인형으로 재현되어 있었다.

나는 다시 마당으로 나와서 음료수대에 있는 표주박으로 찬물을 한 모금 마셨다. 껄쩍지근한 마음을 추수리고 아까 보았던 청호 저수지로 내려와 정자마루에 누우니 저수지에서 불어오는 바람이 제법 서늘하다. 팔베개를 하고 누어서 처마를 바라보니 산들 바람에 정자 지붕위로 기어 올라간 박 잎이 나풀거린다.

나는 오래간만에 시원한 정자 마루에 누어서 예나 다름없이 노적가리 모양을 한 노적봉을 바라보며 옛날의 외갓집을 회상하면서 노곤한 다리를 쉬었다.

3. 지는 것이 이기는 것이다

어느 집안이나 골치 아프게 하는 일가친척이 하나 쯤 은 있기 마련이다. 우리 집안도 예외는 아니었다. 나한테는 대부 쯤 되는 일가 한 분이 있었다. 인간적 예우도 받을 만한 인물도 못되는 사람이었다. 온갖 못된 짓은 다 하고 다녔고, 심지어 친척의 도장을 파서 위조 계약까지 하고 다니다가 감옥살이를 하기도 했다. 일가친척이 아니라 원수 같은 존재이었다. 동네 어른들 말에 의하면 뱃속에 있을 때부터 우리 집 것을 얻어먹고 자라서, 평생 우리 집에 기생하여 살아온 인간이라는 것이다.

어렸을 적에 나는 그 자가 시도 때도 없이 우리 집에 오는 것이 싫었다. 그러나 나의 어머님은 언제나 변함없이 따뜻하게 그를 예우해 주었다. 어머님은 늘 이렇게 말씀하셨다. '지는 것이 이기는 것이다.' '용서 해 주면 내 마음이 편안해.' 나는 어머님의 이런 말씀이 말도 되지 않는다고 생각했고, 이해가 되지 않았다. 어떻게 지는 것이 이기는 것인가? 턱도 없는 소리가 아닌가? 나는 늘 이렇게 생각해왔다.

그러나 내가 대학 교수가 되어서 학생들을 가르치다가 뒤늦게 어머님의 말씀을 이해하게 되어, 내 자신이 부끄러웠다. 나는 영문과 학생들의 교재로 <미국 문학사> (A Brief History of American Literature)를 가르치다가, 미국의 유명한 작가 헨리 데이비드 소로우 (Henry David Thoreau)의 <시민 불복종> (Civil Disobedience)을 설명하게 되었다.

<시민 불복종>이라는 글에서 소로우 (Thoreau)는 부당한 행위를 하는 정부에 항거하지 못하는 사람을 '겁쟁이' (coward) 라고 말했다. 미국 사람들의 전통적인 정서로 '겁쟁이' 라는 말은 인격적으로 가장 모욕하는 욕설이다. 그래서 서부 개척 시대에 결투를 사양하는 상대방이 총을 뽑도록 유도하는 말이, '야, 겁쟁이' (You, coward!) 라는 말이다. 이 말을 들으면 결투에서 뻔히 죽을 줄 알면서도 총을 뽑는 것이었다. '겁쟁이' 라는 말을 들을 바에야 자신의 명예를 지키며 차라리 죽음을 선택하는 것이었다. 그러니까 소로우의 항거는 절대로 폭력을 사용하지 않는 '비폭력 저항주의' (passive resistance)이었다.

이런 소로우의 주장은 정부의 부당함에 항거하지 못하는 자는 '겁쟁이'라는 불명예를 수용하는 치욕을 감수하라는 말이다. 인도의 마트마 간디 (Mahatma Gandhi)는 소로우의 숭배자로 유명한데 그의 '비폭력 저항주의'를 인도의 자유와 독립을 영도하는 국민운동의 기초가 되는 근본정신으로 삼았다.

간디는 인도국민들에게 이렇게 외쳤다. '여러분이 영국에 대한 적개심을 극복하지 못한다면, 인도의 독립운동을 그만둡시다.' 이 말은 거의 성자의 목소리이다. 어떻게 원수에 대한 미움을 갖지 않고 싸울 수 있겠는가? 보통 평범한 범인들은 상상할 수 없는 일이다. 그러나 위대한 인물, 간디의 덕택으로 오늘 날 인도와 영국 사이에는 어떤 증오심도 존재하지 않는다. 세상 사람들은 이런 간디를 성인의 반열에 올려놓고 있다.

간디의 영향을 받은 인권운동가 마르틴 루터 킹 (Martin Luther King Jr.)도 미국 흑인의 인권운동을 전개하면서 '비폭력 저항운동'을 영도하였다. 그의 연설 '나에겐 꿈이 있어요.' (I have a dream.)는 얼마나 많은 미국 흑인들과 백인들에게 영원히 잊지 못할 감동을 주었는가!

원수를 증오하지 않은 마음, 적에게 폭력을 쓰지 않는 저항운동은 반드시 학식이 많은 사람이 갖는 사상은 아니다.

우리나라의 일제 강점기에 유관순과 같은 많은 애국지사들이 일본 헌병의 총부리 앞에 두려워하지 않고, 태극기를 들고, '만세'를 외치는 것도 소로우나 간디의 '비폭력 저항운동'과 맥을 같이 하는 것이다. 적에게 폭력을 행사하지 않고 증오심이 없이 저항한다는 것은 성인이나 성자의 경지에 도달하지 않고서는 도저히 실행하기 어려운 일이다.

그런데 우리 어머님은 전혀 학교 교육도 받지 않으셨고, 소로우나 간디의 '비폭력저항운동'도 모르시는 분이 어떻게

‘지는 것이 이기는 것이다.’라는 말씀을 가르치셨는지 정말로 놀라운 일이다. 아마도 그것은 일상의 생활체험에서 터득한 농축된 신념이 아닌가 생각해 본다. 많이 배웠다고 자부한 내 자신이 돌아가신 어머님 앞에 한없이 부끄럽다.

4. 전주비빔밥

외지에서 전주를 방문하는 사람들이 꼭 맛을 보고 싶은 음식이 있다면 그것은 전주비빔밥이다. 전주비빔밥은 전주 고유의 향토음식으로 알려져 있는데, 이제는 대한항공 기내식으로 등장하여 우리나라에서 뿐만 아니라 미국, 유럽에까지 알려져 명실 공히 세계적인 음식이 되었다.

비빔밥은 그 유래가 다양하다. 원래 전주는 호남의 곡창지대의 중심이기 때문에 예로부터 농경문화가 발달한 곳이다. 봄부터 가을 추수까지 농부들은 대부분의 시간을 논과 밭에서 보낸다.

들에 나가서 하루 종일 일하는 농부들이 밥을 먹으러 집으로 오는 것은 대단히 불편한 일이었다. 그리고 집에까지 왔다 갔다 하는 시간이 너무 낭비되고 귀찮은 일이었고, 또 아낙네들이 음식을 옹배기에 담아서 머리에 이고 논두렁 밭두렁 길을 걷기가 여간 힘든 일이 아니었다. 마침내 꾀를 내어

밥에다 온갖 나물과 고추장을 함께 섞어 비벼가지고 간 것이 비빔밥의 유래가 되었다고 한다.

또 한 가지 설은 제사문화에서 유래되었다고 한다. 제사를 지내고 나면 대게 자정이 지나서 끝나므로 방안에서 제사준비를 하던 집안 식구들이 시장하기 마련이다. 이처럼 시장기를 느끼는 식구들에게 다시 밥을 해서 차려주기가 번거로우니 제사상에 올렸던 밥과 나물을 한데 섞어서 비빈 음식이 비빔밥의 유래라고도 한다.

전주비빔밥은 이러한 우리네 농경문화와 제사문화의 변천과정을 거치면서 오늘날과 같은 음식문화로 정착하여 한국의 대표적 음식이 되었다.

비빔밥은 그 유래에서 찾아볼 수 있는 것처럼 우리 농경시대의 서민 음식이다. 그런데 그 맛은 어느 귀족이나 사대부 양반들도 탐식할 정도로 감칠맛이 난다. 오늘날에는 비빔밥이 점점 고급화되면서 온갖 재료와 양념들이 다 들어가서 서민음식이 아니라 고급음식이 되어버렸다.

전주비빔밥에 들어가는 재료만 보아도 그 수가 대단히 많다. 콩나물, 미나리, 고사리, 도라지, 참기름, 육회, 청포묵, 황백지단, 그리고 고추장, 깨소금, 계란 등이다. 이 열두 가지 재료와 양념에다, 국으로는 시원한 콩나물국이 나온다. 그리고 반찬으로는 꼭 동침이가 나오고, 밥그릇은 반듯이 놋쇠 밥그릇이어야 제대로 맛을 느낄 수 있다.

수십 년 전만 하더라도 전주시내 중심가에의 골목에 소규모의 전주 전통 비빔밥집이 있었는데, 요즘엔 새로 생긴 비빔밥집들이 서로 원조라고 우겨대니 외지에서 처음 오신 분들은 어느 집이 진짜원조인지 혼란스러울 수밖에 없다.

사실 음식이란 각 음식에 들어간 재료의 독특한 맛을 음미할 수 있도록 제 각기 따로 따로 만들어야한다. 그래서 우리 고유의 전통 밥상은 칠첩 반상기네, 구첩 반상기네 하여 반찬을 골고루 조금씩 담아서 진설했다. 밥그릇 옆에 있는 국도 수저로 떠먹는 것이지 밥을 국에 말아서 먹는 것은 품격이 있는 식사가 아니었다. 급한 용무로 일하러 나가야 하는 경우에나 밥을 국에 말아서 물마시듯이 먹지, 점잖은 식사예법은 아니다. 옛날 임금님은 수라상을 받으면 대게 두 시간 정도 식사시간이 걸렸다고 하니까 반찬 하나하나를 음미 해가며 그 맛을 즐겼을 것이다.

비빔밥 이야기가 나오면 생각나는 미국 소설가가 있다. 마아크 트웨인 (Mark Twain) 이다. 그의 대표작이라고 일컫는 <허클베리 핀의 모험>에는 허크 핀 (Huck Finn) 이라는 소년이 등장한다.

허크 핀은 19세기 미국사회의 눈으로 보면 틀림없는 불량소년이다. 그의 아버지는 주정뱅이로 일정한 거처도 없이 이곳저곳으로 돌아다니는 거지나 다름없다. 어려서부터 아무런 교육도 받지 못하고 자란 허크 핀은 마치 산속에 사는 들짐승처럼 문명생활과는 아주 거리가 먼 소년이다. 허크 핀은 잠자는 곳이 숲속이 아니면 빈 통속이다. 이 무지한 문맹소년을 불쌍하게 생각해서 양자로 삼은 더그러스 미망인은 허크 핀을 문명화된 소년으로 양육하려고 무진 애를 쓴다.

어느 날 허크 핀은 식사를 하기위해서 더그러스 미망인과 식탁에 마주 보고 앉는다. 식사를 시작하기 전에 더그러스 미망인이 고개를 숙이고 기도를 한다. 그러나 기도에 대해서 아무것도 모르는 허크 핀은 왜 미망인이 식탁위에 있는 음식에다 대고 무슨 불평을 저렇게 늘어 놓는가하고 이상하게 생각한다.

허크 핀에게는 미망인이 식사 전에 하는 기도가 마치 음식에 무슨 문제가 있어서 불평을 하는 것으로 보였다. 허크 핀이 식탁의 음식을 아무리 살펴보아도 음식에는 어떤 문제도 없었다. 문제가있다면 모든 음식이 각기 따로 따로 요리되어서 각 접시에 담겨있다는 것이다. 허크 핀은 지금까지 따로 따로 요리되어있는 음식접시를 본적도 없고, 또 먹어 본 적도 없었다. 그는 항상 모든 음식을 큰 그릇에 담아서 즙이 나올 때 까지 질퍽하게 뒤섞어서 먹었던 것이다. 그리고 그렇게 즙이 나오도록 비빈 음식이 허크 핀의 입맛에도 맞았다.

우리나라에서도 수십 년 전만 하더라도 먹고 살기가 힘들었던 시절이 있었다. 그때 정월 대보름이 되면 모든 집에서 찰밥과 나물을 장만해서 먹었다. 허크 핀처럼 집 없는 거지나 가난한 사람들은 큰 바가지를 들고 집집마다 문전을 기웃거리며 음식동냥을 했다. 이렇게 동냥해서 얻은 찰밥과 나물들을 움막집으로 가지고 가서 마구 뒤섞어 비벼가지고 식구들

끼리 둘러앉아 먹었을 것이다.

사실 비빔밥은 품위가 있고 격식이 있는 고급스런 음식은 아니다. 그러나 그 맛과 영양가는 어떤 음식도 추종을 불허하는 건강음식이다. 여러 가지 온갖 나물과 양념이 조화를 이루어 감칠맛이 나는 비빔밥은 최고의 영양소가 모두 함유된 '하이브리드 푸드' (Hybrid Food)로 세계적인 한국의 대표음식이 될 것이다.

5. 친구

사람이 나이가 들면 종교와 친구만이 남는다고 한다. 친구는 자기 속마음을 열고 대화를 나눌 수 있는 대상이고, 종교는 외로운 자신의 영혼을 의지 할 수 있는 대상이다.

혹자는 늘 가까이 있는 아내와 대화하지 왜 친구를 고집하는가 하고 말 할런지 모른다. 그러나 아내와의 대화는 항상 한계가 있다. 예를 들면 자식들 이야기, 살림살이 이야기 등 집안 가정사에 관한 이야기가 대부분이다. 그래서 여행을 가도 아내와 함께 가는 것보다는 친구들과 어울려 가는 여행이 더 재미있고 신난다.

외식을 하는 것도 친구들과 함께 하면 얼마나 즐거운가. 서양에서도 'Stag Dinner' 라는 풍습이 있다. 이 말은 '숫사슴 만찬' 이라는 말로 아내를 동반하지 않고 남자들만 모여서, 시끌벅적하게 수다를 떨면서 질펀하게 술을 마시며 먹고 노는 저녁 파티다.

친구들과 함께 하는 운동도 재미있고, 등산 가는 것도 즐겁고, 바둑, 낚시 그리고 고스톱도 얼마나 신바람 나는 놀이인가. 친구는 과거의 시간과 공간을 함께 공유한 관계로 서로의 공감대가 형성되어 있다. 요즘 말로 코-드가 같다. 똑 같은 농담을 해도, 친구 끼리 하면 더 재미있고 웃음이 배가 된다.

정년퇴직을 한 후 고교 친구 여럿이 처음으로 기차 여행을 했다. 여수 오동도에 도착하니 가을바람에 출렁이는 푸른 파도가 섬 바위에 부딪쳐 잘 어울렸다. 아름다운 자연은 아무리 자주 보아도 질리지 않는 매력이 있다. 오동도를 한 바퀴 돌아 본 후에 시내에 들어와 점심을 했다. 밥과 술을 먹는 것이 아니라 이야기의 성찬을 즐겼다. 오늘의 정치, 사회, 경제 등 온갖 문제들이 안주로 술상에 올랐고, 그 원인들을 분석하며 많은 토론을 했다. 결국엔 문제점들만 나열하고 명쾌한 결론은 없었지만, 평소 가슴속에 담아두었던 응어리를 다 토해내고 나니까 가슴이 후련했다.

친구는 나를 비추어 보는 거울이다. 친구의 늘어난 주름살을 보고 거울 속에 비친 내 얼굴을 자세히 살펴보며, 친구의 걸음걸이를 보고 내가 걷는 걸음걸이를 관찰해 본다.

더욱 충격적인 것은 사고의 경직성이다. 사고의 유연성이나 관용이나 포용 같은 너그러운 마음도 기력과 병행하여 쇠잔해 지고, 청년시절의 패기와 도전정신도 옛날의 전설이 되어버렸다. 아무리 나이는 숫자에 불과한 것이라고 기염을 토해도, 젊은 청년시절의 기개는 추억으로만 남는다.

친구의 모습은 곧 나를 비추어보는 거울이기에 항상 나를 되돌아보게 만든다.

6. 맥주

전주에서 동북쪽으로 약 10리쯤 가면 오래전부터 대를 이어 5대째 살아온 우리 시골집이 있다. 시골집 치고는 마당이 좀 넓은 편이어서, 잔디를 심어 놓고, 정원수도 욕심껏 심어 놓으니 집안에 제법 수목이 우거져 전원주택 같은 분위기가 나는 집이다.

나는 가끔 마당에 나와서 벤치에 앉아 파란 하늘을 바라본다. 탁 트인 마당에서 신선한 공기를 들이마시면 무척이나 마음이 상쾌해진다. 나는 욕심이 좀 더 발동을 해서, 접었다 펴면 테이블이 되는 카나다 벤치를 두 개나 구입을 했다. 외손녀딸들이 방학을 하면 서울에서 내려와 가든파티를 한답시고 수선을 떨며 사용해 보니 상당히 운치가 있어보였다.

나는 가끔 여가가 있을 때 마다 맥주잔을 들고 마당 벤치에 앉아서, 흰 구름이 두둥실 떠다니는 파란 가을 하늘을 바라보며 나만의 시간을 즐기곤 한다.

나는 술중에서 맥주를 제일 좋아한다. 특히나 땀을 많이 흘린 후에 사워를 하고나서 마시는 맥주 맛이란 정말 기가 막히게 맛있다. 어떤 해에는 여름철에서 가을철 까지, 마당 벤치에 앉아서 마신 맥주병이 대청마루에 가득하다.

맥주잔을 들고 벤치에 앉아 가을 하늘을 바라보는 즐거움이, 나만의 취향인 줄 알았더니, 독일의 대문호인 괴테도 나와 똑같은 취향을 가지고 있음을 알게 되었다.

괴테는 독일 상류사회의 부자 집 아들이었다. 아버지는 황제의 고문관이요, 어머니는 시장의 딸이었다. 프랑크 푸르트에 있는 그의 생가는 4층 건물이었는데, 담장이로 뒤덮인 뒷마당에는 항상 벤치가 놓여있었다.

괴테는 그곳 뒷마당 벤치에 앉아 맥주를 마시면서, 파란 하늘을 나는 솔개를 바라보는 것이 취미였다. 솔개는 하늘 높이 올라가 한곳에 머물러 정지한 채로 날개 짓만 하는 새이어서, 독일인들은 솔개를 무엇인가를 골똘히 '생각하는 새' 라고 부른다.

괴테가 쓴 불후의 명작 <파우스트>도 그의 천재성과 맥주와 '생각하는 새' 솔개의 결합체라고 한다.

잔디 마당의 벤치에 앉아서 마시는 맥주맛과 주방 식탁의자에 앉아 마시는 맥주 맛은 전혀 다르다. 흔히들 말하듯이 술은, 그중에서도 맥주나 샴페인은 분위기로 마신다고 한다.

서늘한 나무 그늘 아래의 벤치에 앉아서 맥주잔을 들고 파란 하늘에 떠다니는 흰 구름을 바라보면, 내 마음은 어느새 일상에서 벗어난 여유와 낭만을 싣고, 한없이 파란 바다로 먼 여정을 떠난다.

　가을은 진정 맥주의 계절인 것 같다. 여름 하늘과는 달리, 유난히 맑고, 깊은 파란 가을 하늘은 항상 나에게 맥주와 벤치를 생각나게 한다.

7. 총각 선생님

1967년의 여름은 무척이나 더웠다. 그해 여름방학이 거의 끝나갈 무렵인 8월 말일 경에 나는 교사 전보 발령장을 받았다.

'전주여자고등학교 근무를 명함.'이라고 교육감의 직인이 찍힌 서류였다.

2학기가 시작되는 9월 1일이 발령 날짜이어서 나는 발령장을 들고 새로운 근무지인 전주여자고등학교를 찾아갔다.

아침 일찍 서둘러 풍남동에 있는 전주여고 교문 안으로 들어서니, 가방을 든 학생들이 분주히 등교하고 있었다. 말끔히 잘 정돈된 소나무 사이의 자갈길을 지나 현관 앞에 이르렀다. 현관 주변을 한번 둘러보니 잘 가꾸어 놓은 정원수들이 아름다웠다.

나는 슬리퍼로 갈아 신고 교장실로 곧 바로 갔다. 교장실에 들어서니 교장 선생님이 안경너머로 나를 한번 쳐다보더니, 자리에 앉으라는 손짓을 했다.

‘이번에 귀교로 발령받고 온 권경득 입니다.’ 라고 나는 인사를 했다. ‘아, 반갑습니다.’ 교장선생님은 짧게 말씀하셨다. 교장선생님은 관료주의의 딱딱함과 냉철함이 몸에 배어있는 인상이었다. ‘저 권 선생님에 대해서 잘 알고 있습니다. 한 가지만 부탁하겠습니다. 우리학교는 여자고등학교이기 때문에 지금까지 총각선생님을 사양해왔습니다. 그런데 이번에는 우리학교의 형편상 영어와 독일어를 맡아주실 선생님을 모셔야 할 사정이어서 어쩔 수 없이 권 선생님이 총각이지만 모시게 된 것입니다. 권 선생님은 이 점을 이해하시고 지금부터는 약혼을 했다고 하셔야합니다. 앞으로 불미스런 일이 없도록 하기 위함이니 양해하시기 바랍니다.’ 라는 교장선생님의 말씀은 무슨 명령과도 같았다.

가짜 약혼이라니 이러다가 혼인발도 안서서 장가도 못가 노총각으로 늙는 건 아닌지 하는 걱정도 잠시, 나는 너무노 강압적인 분위기에 ‘ 예, 알겠습니다.’라고 대답하고서 교장실을 나왔다.

나는 무슨 비밀지령이라도 받은 양 입을 꽉 다물고 교장선생님과 함께 직원조회가 열리는 교무실로 들어갔다. 전 교직원들의 시선이 일제히 나에게 쏠렸다. 교직원들의 호기심 어린 눈빛에 나는 어디에다 눈을 두어야 할지 몰랐다. 지금까지 남학교에서 남자 선생님들과 근무하다가 여자 교감선생님과 여선생님들을 보니 무척이나 어색했다.

그때 내 나이가 만 26세의 순박한 청년이었으니 지금 생각하면 웃음이 나온다. 나의 부임 인사말이 끝나고, 아침 조회가 끝나자마자, 이내 곧 1교시 수업종이 울렸다. 나는 출석부를 들고 수업 할 교실로 향했다.

9월 1일이었지만 날씨는 여름 더위가 그대로 지속되었다. 학생들도 하얀색 반소매 여름 교복을 입고 있었다, 나는 복도를 지나 교실 문을 열고 들어가 교탁 앞으로 갔다. 교단에 서서 학생들을 바라보니 학생들 얼굴은 잘 보이지 않고 웃고 있는 학생들의 하얀 이(齒牙)만 보였다. 모든 학생들이 하얀 이(齒牙)를 드러내고 활짝 웃고 있었기 때문이었다. 하얀 여름 교복에 하얀 이(齒牙)만 보이니 온 교실이 하얀 백합송이로 가득 차 있는 것 같았다.

나는 내 얼굴이 붉어졌는지 어쩐지도 모르고, 어떨 결에 나를 소개하고 수업을 시작했다. 어떻게 수업을 했는지 아무 생각도 안 났다.

문제는 제 2교시 수업이 시작되었을 때이었다. 2교시 종이 울리자 또 출석부를 빼들고 수업할 교실의 복도에 이르니, 많은 학생들이 복도로 나와서 큰 소리로 웃으며 박수를 치고 있지 않은가. 서둘러 교실로 들어가서 수업을 해도 옆 교실 학생들까지 복도로 나와 창가에 서서 웃고 있지 않은가. 정말 당황스러웠다. 옆방 교실 선생님이 수업을 하러왔다가 이 광경을 목격하고 복도에서서 학생들에게 호통을 치니, 내가 무슨 잘못이나 한 것처럼 미안한 마음이 들었다.

그 당시 나는 영어와 독일어를 가르쳤다. 독일어는 선택과

목으로 일주일에 2시간만 특별활동으로 수업을 했다. 왜냐하면 대학입학 시험에 의무적으로 제2외국어를 선택해야 하는 대학이 있었기 때문이었다.

거의 일 년이 훌쩍 지나서 학기말이 되었을 때, 하루는 교장선생님이 나를 호출하였다. 말씀내용은 이러했다.

문교부에서 지시가 내려왔는데 인문계 고등학교에서 불어를 가르치도록 권장한다는 것이다. 그러니 우리학교도 신학기부터는 독어 대신 불어를 가르쳐야하니 내가 맡아 주면 어떻겠느냐고 하는 말씀이었다. "저는 불어전공도 안했고 불어교사 자격증도 없습니다."라고 말하며 나는 하도 어처구니가 없어 말도 되지 않는 말씀이라며 사양했다. "한 1년간만 수고해요. 그러면 불어교사를 찾아보겠습니다." 라고 교장선생님은 부탁이 아닌 강요하면서 내 인사 기록부를 다 살펴보고 말한다는 것이었다.

나이 어린 총각 선생인 나는 제대로 완강하게 거부 의사도 말씀드리지 못하고 억지로 불어선생이 되었다. 다른 선생님들은 내 속도 모르고, "아이고, 권 선생님 대단해요. 영, 독, 불을 다 통달 했네요" 라고 칭찬인지 비아양인지 웃으면서 말하곤 했다.

한학기가 지난 후, 나의 강력한 주장과 설득으로 불어 선생님을 정식으로 모시게 되어서, 나는 다시 영어선생 자리로 되돌아오게 되었다. 이렇게 해서 그동안 열심히 공부하며 가르쳤던 불어와의 인연이 끝을 맺으니 마음이 시원하면서도 아쉬움도 있었다.

그 후 여러 해가 흘러서 전주여고는 풍남동 교정에서 인후동 교정으로 이사를 가게 되었다. 오랜 전통을 이어온 교정과 아름다운 정원수를 두고 허허 벌판에 교사만 덜렁 세워진 인후동 교정은 정말 황량한 서부 변경지대나 다름없었다.

그 당시 학생들도 인후동 호박밭이라고 비하하여 말할 정도로 학교가 썰렁했다. 그래도 선생님들과 학생들은 열정을 가지고 열심히 교정을 다듬고 가꾸었다. 교정에 파란 잔디운동장도 만들고 꽃과 나무들을 많이 심었다. 그래서 오늘날과 같은 아름다운 교정이 되었다.

그 후 나는 줄 곧 전주여고에서 10년 근속 표창까지 받아가며 나의 젊은 열정을 아낌없이 불태웠다. 전주여고는 이처럼 나의 청년 시절의 열정과 아름다운 추억들이 모두 다 뇌리 속에 각인되어 있어서 그런지, 나는 지금도 가끔 꿈속에서 전여고 학생들에게 영어수업을 한다.

8. 피스코(Peace Corps)의 눈물

미국 평화봉사단(Peace Corps)은 미국정부가 미국 안에서 모집한 청년중심의 봉사자들을 훈련 파견하는 봉사 단체로 1961년도 설립되었고, 개발도상국의 교육기술 향상과 공중위생상태 개선을 위하여 세계 76개국에 7,000여명을 파견한 존 F. 케네디(John F. Kennedy)대통령의 뉴 프런티어 정책의 일환이었다.

1961년에 16개국에 1,000명의 자원봉사자들을 파견하는 것으로 시작하여 1966년에는 52개국에서 1만 여명이 활동하는 전성기를 맞았다.

전주여자고등학교에도 1966년도에 피스코 선생님이 한분 배정되었다. 금발에 파란 눈을 가진 키가 크고 날씬한 예쁜 처녀선생님이었다.

뉴욕태생인 노박(Norberg)선생님은 미인인 것에 걸맞게 매일매일 새 옷으로 갈아입고 출근을 하니, 선생님은 물론 학생들도 오늘은 또 무슨 옷을 입고 올 것인가 항상 궁금해 했다. 목소리도 예쁘고 행동하는 것도 한국 여인처럼 조신했다. 미국여성의 특징인 활동적이고 활발하고 공격적 모습과는 거리가 멀었다.

그 당시 노박 선생님과 나는 교무실에서 서로 책상을 마주하고 앉아서 아침 출근해서 퇴근할 때까지 근무를 했다. 나는 여러 가지 교내외 행사와 학교 업무에 관한 것들을 노박 선생님에게 영어로 설명해주었고, 노박 선생님의 공적 또는 개인적인 요청을 학교당국에 전달해주는 일들을 도와주었다.

그런데 한 번은 여선생님들이 이상한 눈초리로 노박 선생님을 바라보는 것을 나는 눈치를 챘다. 왜 그런가하고 아무리 생각해보아도 그 이유를 알 수 없었다. 그래서 하루는 내 옆에 있는 여선생님에게 그 이유를 물어 보았다. 그랬더니 한참을 망설이다가 그 여선생님이 말문을 열었다. "아, 글쎄, 노박 선생님이 화장실에 갈 때 마다 책상위에 있는 자기 핸드백을 꼭 들고 가요. 우릴 의심하는 것 같아 기분 나빠요." 나는 이 말을 듣고 나 나름대로 변명을 했다. "아, 그것은 의심해서가 아니라 미국인의 관습일거에요." 이러한 나의 문화적 차이에 대한 설명에도 여선생님들의 기분 나쁜 표정은 여전했다.

나는 노박 선생님에게 이 일을 어떻게 말해야 할지 몰랐다. 이 소문은 학생들에게 까지 걷잡을 수 없게 퍼져 나갔다. 학생들도 곱지 않은 눈초리로 노박 선생을 바라보는 듯했다.

그 해 여름 방학 중에 한국에 파견된 교육 담당 피스코들이 부산 연수 세미나에서 가장 효과적인 영어 수업방법으로 채택한 것이 팀 티칭(Team Teaching) 교육 방법이었다. 팀 티칭이란 미국인 선생님과 한국선생님이 함께 팀이 되어 교실에 들어가서 공동수업을 하는 것이었다. 노박 선생님은 세미나에 다녀와서 팀티칭 교육 방법을 도입해서 현장 수업을 하고 싶다고 의견을 제안 했다. 그러나 아무도 선뜻 팀 티칭을 지원하는 영어 선생님이 없었다.

아니나 다를까 하루는 교장 선생님이 나를 교장실로 오라고 하더니 웃으면서 말씀하시기를, "저, 권 선생님, 노박 선생님이 권 선생님하고 팀 티칭을 하고 싶다고 하네요." 라고 말씀하시면서 나에게 부탁하는 것이었다. 나는 교장선생님의 말씀을 거절 못하고 승낙하고 말았다.

그 후로 나는 노박 선생님과 나란히 교실에 들어가서 수업을 하게 되었다. 노박 선생님이 교재를 읽고 난 다음에, 그 내용을 알아듣기 쉬운 영어로 설명하고 학생들과 질의응답을 하면, 나는 번역과 해설을 하면서 문법을 가르쳤다. 처음 한 달 동안은 학생들의 반응이 아주 좋았다. 한 시간 내내 학생들의 눈빛이 초롱초롱해서 흥미진진하고 재미있게 수업이 진행되었다.

그런데 화장실 소문이 있은 후, 얼마 안 된 12월의 어느 추운 날이었다. 나는 감기 기운으로 몸이 피곤하여 노박 선생님에게 혼자 들어가서 수업을 해 달라고 부탁했다. 나는 감기 약을 먹고 책상에 엎드려 쉬고 있었다.

한 15분 쯤 지났을까 해서 노박 선생님이 수업을 중단하고 갑자기 교무실로 들어왔다. 노박 선생님은 책상 앞에 앉더니 휴지를 뽑아가지고 눈물을 닦고 있는 게 아닌가. 나는 걱정이 되었다. 아니 왜 저럴까? 무슨 일이 교실에서 있었기에 저럴까? 나는 불안했다. 눈치를 챈 여자교감선생님이 나에게 물어 보라는 눈짓을 했다.

나는 노박 선생님 옆자리로 가서 교실에서 무슨 일이 있었는지 물어 보았다. 그러자 노박 선생님은 이제는 소리까지 크게 내며 우는 것이 아닌가. 나는 참으로 민망했다. 누가 보면 내가 무슨 나쁜 짓이라도 해서 노박 선생님을 울리는 것 같았다.

나는 마음이 불안해서 안절부절 못하고 있는데, 저쪽에 앉아 있는 선생님들은 재미있다는 듯 웃고 있었다. 어떤 선생님들은 멀리서 농담까지 했다. '부부 싸움 하는 것 같아.' 나는 더 초조한 마음이었다. 울고 있는 노박 선생님을 어떻게 달래서 그 연유를 물어봐야 할지 정말 난감했다.

나는 다시 낮은 목소리로 물어 보았다. 그러자 노박 선생님이 말문을 열었다. "학생들이 창문을 다 열어 놓고 있어요. 닫으라고 해도 반응이 없어요. 모든 학생들이 나를 바라보지도 않아요." 나는 그 말을 들으니 정말로 황당했다. "저~, 학생들이 선생님 말을 알아듣지 못했을 겁니다." 그러자 노박 선생님은 눈물어린 눈으로 나를 쏘아보며 'Shut the window.'도 못 알아들어요? 라고 나한테 쏘아 붙였다. 나는 무어라고 말해야 할지 몰랐다.

　나는 지금도 그 이유가 화장실 소문 때문인지, 학생들이 공부하기 싫어서 괜한 투정을 부린 것인지 아직도 의문이 풀리지 않는다. 하여튼 그 당시 난처한 것은 총각선생인 내가 울고 있는 미국처녀선생을 어떻게 달래야 할지 몰라 그것이 무척 당황스러웠다는 것이다.

9. TV 인터뷰

1992년 8월은 정말 무더운 여름이었다. 귀청이 찢어질 정도로 울어대는 매미 소리는 그렇지 않아도 푹푹 찌는 무더운 여름 날씨를 더욱 짜증스럽게 만들었다. 서늘한 바람이 부는 시원한 정각에 누어서 멀리서 들려오는 매미소리라도 듣는다면 그런대로 정취가 있겠지만, 도심의 한 복판에서 자동차 소리에 섞여 사납게 목청껏 울어대는 매미소리는 가히 참기 어려운 소음이었다.

이런 무더운 여름방학 때에는 집에서 한가롭게 푹 쉬는 즐거움이 그만인데 미국으로 출장을 가게 되었다. 우리 군산대학교와 미국의 사우스이스트 미주리 주립대학교(Southeast Missouri State University)와 자매결연 협정조인식에 총장 직무대행으로 가게 된 것이었다.

8월 20일이 자매결연 협정조인식이 있는 날이어서 나는 한국에서 8월 18일에 출발했다. 모든 서류를 준비하고서 노스

웨스트 항공(Northwest Airline)에 탑승했다. 기내에서 자리를 잡고 앉자마자 금발의 스튜어디스(Stewardess)가 내 앞에 다가 왔다.

그녀는 중년의 중국인 부부를 동반하고 내가 앉은 자리에 다가와서 나에게 자리를 옮겨 달라고 말하는 것이었다. 나는 하도 어처구니가 없어 불쾌한 표정으로 내 항공권을 보여주 며 거절을 했다.

그러자 그녀는 내 귀에 대고 낮은 목소리로 비즈니스 클 래스로 옮겨드리겠으니 이해하시기 바란다며 계속 미안하다 는 말을 반복했다. 나는 기분이 그리 좋지는 않았지만, 2등석 으로 옮겨 준다고 하여서 못이긴 듯 자리에서 일어났다.

항공사의 실수덕택으로 나는 장시간의 비행을 편안하게 즐길 수 있었다. 음악도 듣고 가지고간 책도 읽으며 한층 업 그레이드된 대접을 받았다.

세인트루이스에 도착하니 미주리 대학교수인 정우식 박 사가 차를 가지고 먼 곳까지 마중을 나와 주어서 고맙고 반가 웠다. 우리는 고등학교 동창생으로 그간 양교의 자매결연협 정을 맺기까지의 일등공신들이었다. 우리는 그간에 있었던 여러 가지 이야기를 나누었고, 그 다음날에 미주리 대학이 있 는 케이프 지라디오 (Cape Girardeau)로 차를 몰았다.

대학교에 도착하자 곧장 총장실로 안내되었는데 대학본관 정문으로 들어가는 것이 아니라 본관 뒷마당에 주차를 하고 뒷문으로 들어갔다. 나는 좀 이상했다. 아니, 학교의 중요행사에 초대된 손님을 본관정문으로 안내하지 않고 뒷문으로 들어가게 하다니 이게 무슨 예법인가 하여 기분이 좀 이상했다.

그러나 나중에 알고 보니 본관 현관은 수많은 층계를 걸어 올라가게 되어 있지만, 뒷문은 경사로를 따라 올라가서 주차를 한 후에 편안하고 쉽게 곧장 본관으로 들어가게 되어 있어서, 모든 직원들이 뒷문을 이용하고 있음을 알게 되었다.

미주리대학교 총장님은 중년의 여자로 쾌활하고 활동적이며 결단력이 있어 보였다. 나는 총장님과 첫인사를 나누고서 양교의 자매결연 기념품을 교환하고, 오늘 행사에 대해서 의견을 나눈 후에 총장님과 함께 조인식장으로 자리를 옮겼다.

조인식장에는 부총장과 각대학장들이 일찍 나와서 대기하고 있었다. 나는 총장의 안내로 각대학장들과 인사를 나누었고, 이어서 조인식을 거행했다.

조인식은 양교의 총장 인사말이 있었고, 이어서 자매결연 협정서에 서명했다. 조인식이 끝난 후에 간단한 다과와 함께 양교의 현황에 대하여 의견을 교환했다.

공식행사가 끝난 뒤에 미주리주의 한 방송국 기자가 나에게 다가왔다. 그 기자는 간편한 노타이 차림이었는데, 나에게 웃으면서 말을 걸었다. '저, 안녕하십니까? 미주리 TV 기자입니다. 양교 자매결연에 대해서 인터뷰를 하고 싶은데요.' 나는 사전 예고도 없이 이런 갑작스런 질문에 당황스러웠다. 그러나 나는 일단 '예, 좋습니다.'라고 대답했다. 그러자 기자가 나에게 물었다. '저, 미국 농구 선수들 중에서 이름을 아는 선수가 있습니까?' 이런 갑작스런 엉뚱한 질문에 나는 무척 당황하여 평소에 너무도 잘 알고 있었던 '미이클 죠던'도 생각나지 않았다. 그래서 나는 그냥 '모릅니다.'라고 대답해버렸다. 나중에야 나는 그 기자가 나의 긴장감을 풀어 주기위해서 일부러 던진 말이라는 것을 알게 되었다.

'자, 지금부터 인터뷰를 시작합니다.' 옆에 있던 한 직원이 소리쳤다. 아까 나에게 말을 걸었던 그 기자가 미주리대학교 총장과 나를 나란히 세워 놓고 질문했다. 내 옆에는 정우식 교수가 버티고 있어서 마음이 든든했다. 먼저 미주리대학교 총장에게 물었다. 옆에서 들어 보니, 양교의 자매결연의 목적과 내용에 대한 것이었다. 바로 내 왼편에서는 빛의 조명을 위해서 은박지 판자를 든 사람과 TV 카메라가 이리 저리 움직이고 있었다.

나는 한국에서도 TV 카메라 앞에 서 본직이 한 번도 없었는데, 미국에서 사전에 말 한마디도 없이 TV 인터뷰를 하게 되니 정말 당황스러웠다. 총장과의 인터뷰가 끝나자 그 기자는 웃으면서 나에게 다가왔다. 이제 올 것이 왔구나, 나는 더욱 긴장했다. 기자의 질문은 미국의 많은 대학 가운데에서 왜 미주리대학교를 선택 했냐는 것이었다. 나는 미주리대학교에 나의 고교동창이 교수로 재직하고 있어서 그것이 인연이 되어 자매결연이 이루어지게 되었다고 설명했다. 이 대답에 그 기자는 놀라운 듯 환하게 웃으면서 다음 질문으로 넘어갔다.

조인식 다음날 나는 호텔 식당에서 조반을 한 후, 프런트로 나왔다가, 우연히 뉴스 스탠드에서 미주리 신문을 보았다. 신문의 첫 일면 기사에 미주리대학교 총장과 나 그리고 친구 정우식 교수의 사진이 크게 실려 있었다. 그리고 바로 그 사진 아래에 '고교 시절의 우정이 대학 자매결연에까지 이르다.'라는 기사가 자세히 쓰여 있었다. 나는 신문을 들고서 한참 동안 감동되었다. 대학의 대내행사에 방송국과 미주리 신문사에서 이처럼 적극적으로 홍보해 주는 미국이 부러웠다.

모든 공식 행사가 끝난 다음날, 나는 여가 시간이 나서 정 교수 가족들과 함께 미시시피주의 옥스퍼드에 있는 윌리암 포크너의 생가를 방문했다. 윌리암 포크너는 내가 특별히 관심을 가지고 나의 박사학위 논문의 주제로 심혈을 기우려 연구했던 작가이었다. 우리는 장시간 여행을 한 후에 드디어 포크너의 생가에 도착하여 여기 저기 구경을 하다가, 나는 포크너가 생전에 쓰던 방에 들어가서 큰 충격을 받았다. 그것은 방의 벽에다 연필로 마구 써놓은 작가의 친필이었다. 포크너는 착상이 떠오를 때마다 자리에서 벌떡 일어나 연필을 들고 급히 방벽에 써 내려가다가, 방 문짝에 닿아도 거침없이 계속해서 문짝에 써 놓은 연필 필적을 보고서 작가의 열정에 큰 감동을 받았다.

포크너의 위대한 작품들이 그의 천재성만으로 이루어진 것이 아니라, 이런 열정이 있었음을 확인하고 나는 다시 한 번 포크너를 재인식했다.

10. 자장가

　내가 미국에 객원교수로 있을 때이었다. 그 당시 아들 내외는 달라스에서 살고 있었기 때문에 나는 그 곳을 잠시 방문하여 체류하고 있었다. 나의 하루일과는 오전에는 대학도서관에 가서 책을 보다가 저녁때가 되면 귀가하여 손녀딸과 함께 시간을 보내는 것이었다.

　미국의 주택이 거의 다 그렇듯이 바닥에 카펫트를 깔고 침대생활을 하기 때문에, 손녀딸은 아기침대에 누어서 우유도 먹고 응아도 했다. 한국에서 온돌방에 요를 깔고서 아기를 키워왔던 아내와 나는 이런 유아 침대가 여간 낯설은 게 아니었다.

　손녀딸은 침대위에 매달아 놓은 모빌(mobile)에서 나오는 음악소리를 무척 좋아했다. 음악소리가 끝나면 울어대니 또 태엽을 감아주어서 음악을 들려주어야만 했다. 이것도 반복하면 싫증을 내니, 나는 손녀딸을 팔에 안고 온 집안을 이리 저리 돌아다니며 자장가를 불러 주었다. 어떤 때는 거실에서, 어떤 때는 주방에서, 심지어는 화장실에서도 자장가를 불러 주었다.

내가 아는 자장가라야 "자장, 자장, 자장, 자장. 우리 아기 잘도 잔다."와 좀 세련된 자장가인 "잘 자라 우리 아가, 앞뜰과 뒷동산에"뿐이었다. 나는 무슨 재미있는 자장가가 없을까 궁리하다가 내가 작사 작곡을 해서 자장가를 하나 만들어서 불러 봐야겠다고 마음먹었다. 나는 이곳이 택사스라는 것에 착안하여 "택사스 자장가"를 작사, 작곡을 해 보았다. 이것이 바로 내가 만든 "택사스 자장가"이다.

카우보이모자에, 말채찍 들고서,
스카프 휘날리며, 택사스 초원을 달리는,
멋쟁이 아가씨,
권 다은 ! 권 다은 !
애쉬리 권 !!

이 노래는 반복해서 두서너 번 불러 주면, 참 신기하게도 손녀딸은 울음을 딱 그치고 새근새근 잠을 자는 것이 아닌가. 나는 참 신기했다. 그래서 이 노래를 손녀딸이 칭얼거릴 때마다 자주 불러 주었다. 이제는 할아버지 자장가라고 가족들이 명명했을 정도이다.

손녀딸이 나의 "택사스 자장가"에도 잠이 들지 않으면 나는 옛날 할머니들이 자주 부르던 '자장, 자장, 자장, 자장, 이란 '자장가'를 불러주었다. 정말 우리 '자장가'가 최고이었다. 신기하게도 그렇게 때를 쓰고 울던 손녀딸은 금방 잠이 들곤 했다.

한번은 달라스 교외로 나갈 기회가 있었다. 말로 듣던 대로 택사스 벌판은 넓고 끝이 없었다. 미국 땅이 넓다는 것을 정말 눈으로 실감했다. 말 그대로 하늘과 땅이 거의 닿을 듯했다. 이 끝없이 펼쳐진 벌판을 말을 타고 달렸던 옛날의 카우보이들이 호기를 기르기에 충분한 넓은 초원이었다. 비좁고 작은 우리나라와 비교해 보니 이 넓은 땅이 한 없이 부러웠다.

손녀딸아, 이 넓은 초원에서 꿈을 키우며 건강하게 자라서 훌륭한 사람이 되어라.

11. 그리움아, 그대로 있어라

그리움이란 아름다운 정서다. 그것이 사람이 되었던, 고향이 되었던 또는 어떤 형상 되었던, 그 무엇을 잊지 않고 오래 기억하며 그리워한다는 것은 소중한 것이다.

소년시절엔 미래의 꿈을 그리며 산다. 소년은 그가 가슴속에 그리는 무지개의 꿈을 쫓아 숨 가쁘게 달린다. 그러나 그 소년이 나이가 들어 노인이 되면 과거에 산다고 한다. 노인의 머리엔 지난날들에 대한 추억들이 시도 때도 없이 아무 때나 토막지어 주마등처럼 지나간다. 그리고 모든 지난 일들이 흐뭇하기 보다는 후회와 아쉬움으로 남는다.

그러나 항상 과거는 아름답게 회상된다. 그것이 비록 가슴 아픈 상처일지라도 과거는 언제나 아름답게 포장되어 나타난다. 옛날 소년시절의 소꿉동무들, 고교시절의 절친한 친구들, 대학 시절에 있었던 많은 일화들 그리고 직장 생활에서 겪었던 여러 가지 사사건건들이 마구 뒤섞여 떠오르면, 앞뒤를 구분하기가 어렵다.

지나간 수많은 흔적들 가운데에서 잊혀 지지 않은 아름다운 순간들은 항상 그리움이 되어 찾아온다. 그리고 그리움은 못내 병이 되어 오기도 한다.

시골에서 서울로 올라와서 고단하게 객지생활을 하는 청년이 있었다. 명절이 다가오는 어느 날 청년은 썰렁한 하숙방에 홀로 누어서 고향을 생각했다. 고향에 있는 정다운 얼굴들이 청년을 향해서 웃고 있었다. 외로움에 견딜 수 없던 청년은 고향 생각으로 충만 되어 자기도 모르게 자리에서 벌떡 일어났다. 고향에 가면 금방이라도 고향사람들이 반갑게 맞아 줄 것 같아서 도저히 그냥 누어있을 수 없었다. 청년은 옷을 걸쳐 입고 무작정 택시를 잡아타고 그리운 고향으로 내려갔다.

그리운 고향에 도착했지만 가난한 청년은 그리움만 가지고 왔지 택시비가 없었다. 택시 운전사를 잠시 기디리게 하고, 옆집 아저씨 집에 들어가서 택시비를 꾸어 달라고 했다. 오래 전에 동네를 떠난 청년이 갑자기 나타나서 이런 구걸을 하니 어이가 없고 황당할 수밖에 없었다. 거절당한 청년은 또 다른 친척 집에 찾아갔으나 이상한 눈초리로 바라 볼 뿐이었다. 기다리다가 화가 난 택시운전사가 재촉하는 바람에, 청년은 하는 수 없이, 타고 온 택시를 다시 타고서 왔던 길을 거슬러 서울로 되돌아가야만 했다. 되돌아가는 차 속에서 청년은 반갑게 맞아줄 고향인심이 옛날이 아니라고 눈물짓는다.

순진한 청년에겐 그리움이 반가움과 따뜻한 인정이 되어

서 되돌아 올 줄 알았다. 그러나 청년은 현실과 그리움은 다
르다는 값비싼 수업료를 지불하고 인생을 배웠다. 그리움이
란 항상 상상한 만큼 아름답게 채색되어 현실로 나타나지 않
는다. 그리움은 가슴속에 깊이 간직해 두는 것이 좋다.

그리움아 ! 너 제발 깊은 잠에서 깨어나지 마라. 그냥 그
자리에 그대로 있어라.

12. 자식 교육

우리가 인생을 사는 목표는 무엇인가? 이것은 참으로 답하기 어려운 질문이다. 뚜렷한 목표가 없으니 그냥 살아있으니까 살아간다고 말하는 사람이 대부분이다. 그러나 당신은 왜 이 고생을 하면서 사느냐고 물으면 자식 때문이라고 말하는 사람이 많다.

우리만큼 자식을 위해서 모든 것을 희생하며 살아가는 민족도 이 지구상에는 없을 것이다. 우리는 우리의 일생을 거의 죽을 때까지 자식을 위해서 살아간다. 금년에 들어서 활기찬 우리나라의 수출에 힘입어 국민소득이 이만불이 넘었다. 이런 나라에서 각 가정의 교육비가 수입의 60%가 넘는다니 우리나라의 교육열은 가히 세계 으뜸이다.

요즘 우리나라의 과외열풍은 유아 때부터 붐을 이루고 있다. 모국어가 아직 서투른 유아들에게 원어민 영어를 가르치는 나라는 세계에서 우리 밖에 없을 것이다. 영어조기교육의 열풍은 단군 이래 지금이 가장 극성이 아닌가 한다.

사실 외국어의 조기교육은 언어학자에 따라 그 학설이 다르다. 그런데 우리 엄마들은 어떤 선택이 좋고 나쁜지 생각도 하지 않고 영어 과외 열풍에 동참한다. 혹시 우리 아이만 뒤처지는 것이 아닐까 조바심이 나서 엄마들은 가만히 있을 수가 없다.

우리 엄마들의 자식에 대한 교육열은 거의 종교에 가깝다. 내가 못 입고, 못 먹어도 내 자식만큼은 최고로 가르치고 싶다. 아무리 심신이 고달프고 힘들어도 자식 교육을 위해서는 모든 것을 희생하고 인내한다. 질척거리는 시장 바닥에다 좌판을 놓고 장사를 하여도, 자식 생각만 하면 하나도 고되지 않고 힘이 솟는 사람이 우리네 엄마들이다. 또 김치 하나로 찬밥을 입에 밀어 넣어도 책상에 앉아 공부하는 자식 얼굴만 떠올리면, 기운이 불끈 불끈 솟아나는 사람이 우리 엄마들이다.

이런 엄마의 마음을 이심전심으로 알아차린 자식들은 헤어진 운동화를 신어도, 색 바랜 헌 잠바를 입어도 창피하지 않다. 어려운 역경 속에서 밤새워 공부하는 자식들은 가난은 수치가 아니라고 생각하고, 불쌍한 엄마를 위해서 꼭 성공하겠다고 입술 깨물며 공부한다. 이처럼 고생하는 엄마를 호강시켜 드려야겠다는 것이 가난 속에서 몸부림치며 공부하는 자식들의 꿈이며 소망이다.

그러나 현실은 이와 같이 속이 꽉 차서 철이 들어, 자기 인생의 목표를 설정하고, 열심히 노력하는 자식들은 그리 많지 않다.

내 아들은 꼭 일류대학에 들어 가야하고, 반듯이 의과대학이나 법대에 들어 가야한다는 엄마는 자식의 재능이나 취미는 아예 무시해버린다. 아들의 적성이이야 어떠하든 엄마의 강요에 따라 수입 좋은 직업만을 선택하게 된다면, 두뇌 명석한 모든 학생들은 자신의 소질을 개발하기 보다는 엄마를 위한 인생을 살아가게 된다. 이것은 학생 자신의 장래로 보나 국가의 미래로 보나 큰 손실이 아닐 수 없다.

한 개인을 위해서나 사회를 위해서도 무엇이 중요한가 안목을 넓혀야한다. 우리 모두가 근시안적 시야에서 벗어나 미래를 설계할 때, 개인이든 국가든 행복해 질수 있는 것이다.

13. TV 중독증

    중독증에는 여러 가지가 있다. 그 가운데에서 담배와 술이 으뜸일 것이고, 그 다음으로는 아마 커피 정도일 것이다. 그러나 이것 이외에도 아주 심각한 중독증들이 있다. 예를 들면, 도박중독, 마약중독 그리고 알콜중독과 같은 폐가 망신할 중독들이 있다. 그런가하면 낚시, 등산, 골프와 같은 취미 중독도 있다.

    어떤 일에 반복적으로 습관을 들이다 보면 그것이 자기도 모르게 생활의 일부 또는 전부가 되어 거기서 빠져나오지 못하고 몰입하는 경우에 우리는 중독되었다고 한다.

    다른 여러 가지 중독일랑 다 그만두고 우리 생활과 가장 밀접하게 관련된 TV에 대해서 이야기를 해볼 가한다. TV는 거의 매일 우리의 생활을 지배하고 있다. TV는 여러 가지 많은 바깥세상의 정보를 알려주고, 재미있는 오락과 드라마 등 다양한 프로그램으로 우리를 현혹시킨다.

TV의 위력은 어떤 시청각 매체보다 막강한 세력을 가진다. 어느덧 우리의 거실은 TV에 점령당하여 가장 좋은 위치에 좌정하고 있다. 모든 가족들은 TV에 포로가 되어 그 앞에 다소곳이 앉아 열심히 시청한다.

이제 TV는 우리 가족들 간의 대화를 송두리채로 잡아 삼키는 공룡 같은 괴물이 되어 버렸다. 퇴근한 아빠는 아무리 몸이 피곤해도 TV의 뉴우스 채널을 돌리고, 엄마는 드라마에 몰입해 있고, 아이들은 어린이 만화프로에 열중이다.

이러니 가족들 사이에 대화가 단절 된지 오래다. 서로 상의해야할 일도 TV 때문에 방해를 받는다. TV를 켜놓고 밥을 먹고, TV를 틀어 놓고 전화를 받으며 온갖 집안일을 다하니 그 기계소음으로 정신이 어지럽다.

연세가 많은 노인들이나 침대 생활을 하는 환자들에게 TV는 유일한 낙이 될 것이다. 그러나 TV는 오늘날 남녀노소를 가리지 않고 전 방위로 그 위력을 확산하고 있다.

기업들의 상품 선전과 각종 홍보에 수많은 TV중독자들은 무시할 수 없는 고객들이다. 왜냐하면 이들이 엄청난 소비층을 이루고 있기 때문이다.

이런 현실 속에서 요즘 조선일보와 대한출판문화협회가 펼치고 있는 '거실을 서재로' 캠페인은 너무도 신선한 충격을 준다.

아파트와 같은 밀집된 주거공간에서 TV를 너무 큰소리로 볼륨을 올려놓고 들으면 이웃에게도 피해를 끼친다. 직장에서 거리에서 엄청난 소음에 시달렸는데, 집에 돌아와서 까지 소음에 부딪치면 정말 짜증이 난다.

가정의 거실은 가족들에게 정담을 나눌 수 있는 안식처가 되어야 하고, 정신적 휴식을 취할 수 있는 조용하고 아늑한 장소이어야 한다. 가족들이 거실에 앉아 책을 읽는 모습은 생각만 하여도 그림이 얼마나 좋은가. 이렇게 되면 우리 가정과 사회는 화목하고 건강한 사회로 발전하게 될 것이다.

이번 조선일보의 '거실을 서재로'의 운동은 몇 년 전에 시카고에서 전개한 '한 권의 책읽기 운동'과 너무도 공통점이 많다. 조선일보의 건전한 가정 만들기가 건전한 사회를 만드는 데 공헌하리라고 확신한다.

14. 취미 생활

동창중의 한 친구가 나에게 조언 해 주었다. 나이가 들면 다섯 가지가 있어야 하는데 그 첫째가 아내가 있어야하고, 둘째는 친구가 있어야하고, 셋째가 취미이고, 넷째가 소일거리고, 그리고 마지막으로 종교라고 열변을 토했다.

이 말을 듣고서, 나는 나의 취미가 무엇인가 생각해 보았다. 나에겐 별다른 취미랄 것이 없었다. 취미가 꼭 있어야 한다는데 그러면 무엇을 취미로 할까 고민을 해 보았다.

그러던 중에 하루는 생물학과 이 교수님이 점심 식사를 하고난 후에 자기 연구실에 가서 차나 한잔 하자고 권유했다. 이 교수님은 차를 한잔을 대접하더니 자리에서 벌떡 일어나 아코디온을 들쳐 메고서 나에게 음악한곡을 선사하겠다는 것이다.

이 교수님의 아코디온 연주를 감상한 뒤에 나는 언제부터 아코디온을 배웠냐고 물어보았다. 이 교수님 말이 한 3년 전부터 배우기 시작했고, 기초연주법은 연변대학에 교환교수로 가 있을 때 터득했으며, 그 후는 일주일에 한 번씩 서울로 가서 레슨을 받았다고 했다.

나는 이 교수님이 나와 비슷한 연세에 악기 배우는 열정에 탄복했다. 분주한 생활 속에서 취미생활로 악기 하나쯤은 꼭 익혀야 한다는 이 교수님의 강변에 나는 무엇을 배워 볼까 하다가, 대금을 한번 배우고 싶다고 말했다. 하얀 두루마기를 입고 대금을 부는 연주자의 모습이 단아한 선비의 모습이었기에 평소부터 마음속에 늘 그 모습을 흠모해왔기 때문이었다. 이 교수님은 곧 바로 내 손을 잡고 도립국악원으로 가서 수강신청을 등록하자는 것이다.

여름방학이 막 시작되는 무렵이라 날씨도 무척 더웠으나 나는 이 교수님에 이끌려 도립국악원을 방문했고 수강신청을 문의 했다. 한 달쯤 지난 뒤에나 수강 일정이 잡혀있다는 담당직원의 설명에 후일을 기약하고 국악원을 나왔다.

나는 그 뒤로 대금을 배워보겠다는 열정은 다 식어 버렸고, 대금이야기는 까마득하게 잊고 있었다. 그런데 얼마 전 이 교수님이 지금까지 갈고 닦은 아코디온 실력을 나를 위해서 공연하겠다는 것이다.

그래서 나는 공연 장소로 전주에 있는 한 양식 레스토랑을 예약했고, 절친한 친구인 한 교수님과 함께 이 교수님의 첫 연주를 감상하러갔다. 레스토랑에 들어가 보니 비어있는 테이블이 거의 없었다. 우리는 예약된 자리에 앉아서 잠시 휴식을 취했다. 이내 곧 이 교수님의 연주가 시작되었다.

이 교수님은 베토벤처럼 웨이브 파마를 한 하얀 머리를 음악에 따라 좌우로 흔들며 연주하는 모습이 매우 인상적이었다. 나이가 들어도 무엇인가 한 가지에 몰두하여 자기 성취의 기쁨을 만끽한다는 것은 옆에서 보아도 흐뭇했다.

그날 저녁 혼자서 집으로 돌아오는 길에 나는 또다시 옛날 대금에 얽힌 해묵은 병이 돋아나려고 움찔거리는 것을 느꼈다.

15. 군불 때기

서울에 있다가 오랜만에 구역물 시골집에 들어서니 검정 고양이와 하얀 점박이 고양이가 마당 잔디밭에서 한가로이 놀고 있다. 집주인이 오래 동안 집을 비워두니 저놈들이 집주인 행세를 하고 있다. 진짜 주인이 나타나니까 염치가 없는지 슬금슬금 정원에 있는 나무 밑으로 피신한다.

요사이 봄바람이 부드러운듯하나 아직은 겨울의 뒤끝인 칼끝 같은 바람이 서슬이 서있다. 나는 한옥 집을 개조하면서 윗방 하나만은 재래식 아궁이를 그대로 놓아두었다. 가을에 정원수를 전지한 많은 나무들이 쌓이면 부엌 아궁이에 불을 때기 위해서이다.

옛날식 부엌에 불을 지피면 방도 어찌나 뜨끈뜨끈하고 따뜻한지 모른다. 이글거리는 불덩어리를 보는 즐거움도 너무 좋다. 도시에서는 맛볼 수 없는 즐거움이다.

우리 외손녀딸들은 외갓집에 오면 꼭 아궁이에 군불을 때려고 야단법석을 떤다. 손과 얼굴에 검정 칠을 해가며 웃고 재잘거리며 재미가나서 군불을 땐다. 이젠 그만 때라는 외할머니의 성화도 아무 소용이 없다.

바람이 거꾸로 부는 날이면 굴뚝으로 연기가 나가지 않아 새까만 연기가 아궁이에서 기어 나온다. 불꽃 연기에 도저히 더 이상 불을 땔 수가 없다. 연기와 매연으로 눈물이 나고 코가 막히며 재채기까지 난다. 온갖 신경질이 다 나고 입에서는 욕지거리가 나온다. 미친놈의 바람이라고 욕을 내 뱉으니 마음이 조금은 풀린다.

언제 왔는지 등 뒤에서 아내의 목소리가 들린다. '누가 당신보고 군불 때라고 했소. 욕하니까 시원해요?'

나는 손을 털고 부엌에서 나와 마당에서서 하늘을 바라보았다. 하늘이 잔뜩 얼굴을 찌푸리고 있었다. 나는 날씨 좋은 날에 다시 군불을 때기로 미음먹고 후일을 기약했다.

1. 딸의 편지

나는 아들, 딸, 딸 3남매를 두었다. 아내 말처럼 아롱다롱 3남매다. 자식들 모두가 성격이나 취미나 특기도 각각 다르다. 이 세상 모든 부모가 다 그렇듯이 나도 삼남매 중에서 막내를 편애했다. 왜 부모들이 유별나게 막내에게 더 관심을 주고, 애정을 쏟아 붓는가를 가만히 생각해 보았다. 이것은 머리로는 도저히 이해할 수 없는 일이다. 오직 가슴으로 느껴지는 것을 어떻게 머리로 분석 할 수 있겠는가.

그래도 곰곰이 생각해보니, 막내는 부모가 보는 시간이 짧기 때문이 아닌가 한다. 그래서 더 많은 사랑을 주는 것이라고 추측해 보았다. 이런 억지 이론이 어디 있느냐고 반문하겠지만, 내 생각은 그렇다.

막내가 내 사랑을 독차지 하자, 가장 마음에 상처를 받은 아이는 아들과 막내딸 사이에 태어난 큰 딸이었다. 오빠는 3대 독자이니 할머니의 사랑을 독차지하며, 왕자처럼 온갖 대접을

다 받으면서 컸고, 모든 것이 우선순위이었다.

항상 소외의 그늘에 있었던 큰 딸은 오빠가 밉고, 막내 동생은 더욱 미웠으리라. 그런데 아빠한테는 한 번도 그런 내색을 보이지 않았다. 큰 딸이 시집을 가서 딸을 둘을 낳고서야, 나한테 속내를 털어 놓았다. "아빠가 막내딸 발가락을 만지면서 얼굴에 대고 비벼 댈 때, 막내가 얼마나 미웠는지 몰라요," 이제 애기엄마가 된 큰 딸의 이런 투정을 들으니 큰 딸에게 너무나 미안했다.

큰 딸은 문학적 소질이 있어 글을 아주 아름답게 잘 쓴다. 한 때는 신문사 기자로 글재주 실력을 발휘하기도 했다. 작년 10월, 어느 가을날에 큰 딸애가 나에게 이메일을 보냈다.

가을입니다
아버지.
당신의 품안에서 다들 장성하여
제 몫들 하려고 이소(離巢)를 하였습니다.

저도 자식을 품으며
당신의 사랑만큼 이루려 합니다.

　　기억 속엔
달려가고픈 어린 시절의 행복만 가득한데
문득 떠올려지는 이 순간 아니고서는 잊고 살아갑니다.
저희는 참으로 행복한 어른이 되었습니다.

　　아버지 사랑합니다.

　　아버지 사랑을 곁불 쬐듯 했다고 투정한 큰 딸이 이제는
엄마가 되어서 아빠를 감동시키는 글을 보냈구나 생각하니
큰 딸이 대견스러웠다. 딸에게 아빠는 어떤 존재인가? 아빠는
어느 카피라이터(copywriter)의 글처럼:

　　처음으로 볼에 뽀뽀해준 사람
　　몸이 아파도 괜찮다고 하는 사람
　　크리스마스이브 때 산타였던 사람
　　딸이 팔짱 끼고 걸을 때 행복했던 사람
　　사위에게 부탁하며 눈물 삼키는 사람
　　선물 사다주면 쓸데없는 짓이라며 화만 내는 사람
　　딸이 보낸 편지를 읽고 또 읽는 사람
　　언제나 등 뒤에서 버팀목이 되는 사람

　　이런 사람이 아빠임을 딸년들이 알기나 할런지, 시집가서
자식 키워 시집을 보내 보면 그때나 알려나.

2. 가시고기

TV에 나오는 동물의 세계는 어린이들에게 무척 재미있는 프로다. 그러나 어린이들 보다는 어른들에게 감동을 주는 장면들이 너무나도 많다. 도화돔이나 펭귄의 일생도 그렇고, 또 연어의 일생도 우리 인간들의 삶과 너무나 비슷하다.

호미도 날이 있지만 낫 같지 않다는 우리 고시조의 모성애와 부성애의 비교는, 자식 사랑의 표피만 보았지, 내면의 깊이를 간과한 것 같다. 그래서 부성애에 대한 이야기를 좀 해 볼까 한다.

부성애의 대표적 상징인 가시고기를 보면 눈물겨운 감동을 준다. 가시고기 암놈이 알을 낳고 떠나가면, 숫놈이 약 보름 동안 아무것도 먹지 않고 지느러미를 움직여 맑은 산소를 알에 공급해 준다. 혹시라도 큰 물고기가 알의 주변에 오면, 목숨을 걸고 알을 지킨다. 이처럼 아무것도 먹지 않고 사투를 다 하다 보면, 마침내 숫놈은 체력이 쇠진하여 생명을 유지하지 못하고, 새끼들 있는 쪽으로 머리를 향하고 죽는다. 이 죽은 아버지 시체를 새끼들이 몽땅 뜯어 먹으면, 가시만 남게 되는데, 이것이 가시고기의 처절한 일생이다.

나는 자식 셋을 서울로 유학을 보내고. 대대로 이어 살아온 시골집을 지키며 살았다. 그리고 한 달에 두어 번씩 자식들에게 먹을 것을 바리바리 싸 가지고 서울로 올라갔다. 김치, 고기, 생선, 과일 등등을 보따리에 싸고, 큰 함지박에 담고, 자동차 트렁크도 모자라 뒷좌석에 싣고서 열심히 먹을 것을 날랐다.

자식들의 건강뿐만 아니라 학교 공부며 교우관계 등 나는 늘 마음이 놓이지 않았다. 이것이 자식 키우는 부모의 마음이리라. 나는 서울에서 시골집으로 내려올 때, 꼭 자식들 책상 위에다 간단한 메모 쪽지를 남겨 놓았다. 자식들이 학교 갔다 돌아오면 금방 눈에 띄도록 각자의 책상위에 올려놓았다. 말로 하는 것보다 글로 몇 자를 적어 놓고 오면, 그것이 더 큰 감동이 되었던지 어느 날 아들 책상 서랍 속을 보니 아빠의 메모 쪽지들을 차곡차곡 모아 놓은 것을 본적이 있었다. 하나도 버리지 않고 모아놓은 쪽지를 보니 내 마음에 잔잔한 감동의 물결이 일었다.

한 번은 막내딸에게 남겨 놓은 메모장 끝에다 '가시고기 아빠로부터'라고 써 놓았더니, 막내딸이 '아빠, 가시고기 아빠란 말 쓰지 마. 눈물이 나와.' 라고 말 한 것을 들은 적도 있었다.

자식들에게 훈계가 되는 말을 길게 하면 역 효과다. 간단

한 몇 마디 말이나 짧은 몇 줄의 글이 더욱 효과적임을 부모들은 모른다. 한번 했던 말을 또 하고 또 반복해서 재 강조하니, 자식들이 짜증내고 부모 곁에서 멀리 떠나 버린다. 그러니 부모는 말을 절제해야 한다. 사실 자식들이 아무런 불평 없이 부모의 잔소리를 들어만 주어도 그 자식은 효자요, 효녀다.

가만히 생각해 보면 우리세대가 부모를 모시고 사는 마지막 세대요, 자식과 함께 못 사는 첫 번째 세대인 것 같다. 너무도 급속히 밀려온 산업사회의 파도 속에서 우리는 가족의 소중함을 쉽게 잊어버리고 살아온 것 같다.

제발 우리 모든 가정에 따뜻한 가족애가 충만 되어서 가시고기 아빠들의 얼굴에 행복한 웃음이 넘쳤으면 좋겠다.

3. 분재(盆栽)

아내의 취미는 다양하다. 사진, 분재, 수지침 어느 것 하나도 소홀하게 한 것이 없다. 이 중에서 분재 이야기를 좀 해 볼까 한다. 왜냐하면 분재에는 온갖 재료준비 부터 시작해서 재배과정에 이르기 까지 너무나도 많은 손길이 갈 뿐만 아니라, 애착을 가지고 분재에 쏟는 정성과 시간을 옆에서 지켜보면 그 열정이 대단하기 때문이다.

아내가 좋아하는 분재는 남들하고는 좀 다르다. 분재원에서 분재를 구입하여 감상 한다던가 또는 산에 가서 나무를 채취해서 키우는 것이 아니다. 씨앗을 뿌려서 뿌리를 내리거나 삽목을 하여 기르는 것이다. 어려서부터 키우면서 수형을 만들기 때문에 여간 정성을 쏟는 것이 아니다. 그래서 온 집안에는 조그마한 나무들이 많다. 아내는 새벽에 눈을 뜨면 밖에 나가서 싹이 나오는 것을 보고나서 밥을 하고 하루의 일과가 시작 된다.

아내가 하는 분재는 아내 나름대로 집에서 좋아서 하는 수준을 벗어났다. 분재 선생님이 계시고 분재모임이 있어 수 년 동안 강의를 듣고 실습을 하고, 책을 보면서 열심히 정성을 다하였다. 집에서 강아지를 식구처럼 생각하고 기르듯이, 아내는 날마다 분재에 물을 주고 손질을 하고, 또 병충도 관찰하면서 나무와 이야기하듯 애정을 쏟았다. 아내의 정성으로 나무는 예쁘게 분재의 모양새를 닮아가며 잘 자랐다.

그런데 우리 자식들이 모두 다 서울로 유학(?)을 가서 서울에 거처를 두게 되었다. 그래서 아내는 주로 서울에서 있는 시간이 많아 졌다. 아내는 애들 뒷바라지에 어쩔 수없이 애지중지하던 분재를 땅에 묻을 수밖에 없었다. 왜냐하면 분재란 것이 단 하루만 물을 주지 않으면 고사해버리기 때문이다. 물론 분재는 땅에 묻어버리면 나무의 생명은 유지될지 모르지만 분재로서의 가치는 생명을 다 한 것이다. 아내는 마음이 아프지만 다른 방도가 없었다.

분재는 '본사이' (Bonsai) 라는 일본 이름으로 전 세계에 통용이 되듯이 흔히 일본이 본산인 것처럼 여겨지고 있다. 그러나 그 발원은 중국 후한(後漢)시대로 거슬러 올라간다. 그 후 우리나라에서도 고려시대로부터 조선조에 이르기까지 망중한(忙中閑)을 즐기던 선비들이 분재를 사랑하고 찬미했다. 이런 분재의 모습들을 우리는 선조들의 고서화나 병풍 그림 등에서 쉽게 볼 수 가있다. 그래도 분재에서는 일본 냄새가 나는 것을 어쩔 수 없다.

오월은 분재의 계절이다. 오월엔 새순이 돋아나고 꽃이 만발한다. 꽃이 만발한 분재를 문갑위에 놓고 아랫목에 앉아서 보는 즐거움은 이루 다 표현할 수 없이 행복감에 젖어 들게 한다.

그런데 혹자는 이처럼 자연을 축소하여 방안으로 들여온 분재를 나무학대라고 비난한다. 나무를 좁은 화분에 심어 철사로 동여매고 구부려서 작게 키우는 모습을 보고 측은한 마음과 더불어 나아가서는 잔인성의 발로라고까지 경고한다.

그러나 긍정적 측면으로 본다면 또 다른 시각으로 분재를 감상할 수 있다. 분재는 자연에 대한 향수와 동경이다. 그런 의미에서 분재는 생명존중에서 출발한다고 한다. 분재는 살아 숨 쉬는 예술작품이다. 분재는 작은 분속에 수십 년, 수백 년의 풍상을 간직한 거목의 위용을 담을 수 있으며, 산야에서 자연 그대로 자라고 있는 멋들어진 나무의 운치를 방안으로 옮겨놓을 수 있는 마술과도 같은 것이다.

분재는 이처럼 자연의 기품을 우리의 생활 주변으로 옮겨 놓고 즐길 수 있어서 예로부터 우리선비들이 애호하는 소장품이 되었다. 특히 분재는 살아 숨 쉬는 생명체이어서 세심한 손길이 필요하므로 잠시도 한눈을 팔거나 등한시해서는 안 된다. 마치 어린 아이를 키우듯 해야 하므로 많은 정성과 애정이 없이는 분재를 하기 어렵다.

이쯤 되면 나도 분재 애호가요 전문가가 다 된듯한데 아내는 늘 나에게 불만이 가득하다. 분재가 때로는 장엄하고 웅장한 멋을, 때로는 가련하고 연약한 청순미를, 때로는 화사하고 화려한 꽃으로 황홀지경에 빠지게 하는 기쁨을 주는데, 이런 작품의 이면에 숨어있는 수많은 아내의 손길을 내가 알아주지 않는다는 것이다.

그런 정성의 손길을 겉으로는 표현하지 않지만 내 마음속 깊은 곳에서 느끼고 있는데, 그것을 말로 표현하면 그 농도가 희박해진다는 것을 왜 알지 못하는지 정말 안타까운 마음이다.

4. 산타의 선물

동화책은 동, 서양을 막론하고 어린이들의 꿈을 이야기 한다. 동화 속에 나오는 이야기들은 언제나 모든 것들이 가능한 세계를 그리고 있다. 이 세상의 많은 어린이들은 동화책 속에서 울고, 웃으며 그들의 꿈을 키우면서 자란다.

매년 크리스마스가 다가오면 어린이들은 마음이 설렌디. 산타 할아버지가 오기 때문이다. 산타가 없는 크리스마스는 어린이들에게는 슬픈 크리스마스다.

크리스마스 이브에는 하얀 턱수염에 몸집이 뚱뚱한 산타 할아버지가 사슴이 끄는 썰매를 타고 온다. 빨간 옷에 커다란 선물 자루를 등에 메고, 큰 목소리로 껄껄 웃으면서 착한 어린이 집을 찾아다닌다.

산타 할아버지는 어린이가 한참 자고 있는 한 밤중에 아무도 몰래 지붕위의 굴뚝으로 가만히 들어와서 자고 있는 어린이 머리맡에 선물을 놓고 간다.

어린이는 아침에 눈을 뜨고 머리맡의 장갑이나, 양말 속에 들어있는 선물을 보고 놀란다. 어린이들은 너무나 즐겁고 기쁘다. 이처럼 크리스마스 아침은 어린이들에게 기쁜 날이다.

나는 어린 시절에 크리스마스 때가 되면 걱정거리가 하나 있었다. 산타 할아버지가 어떻게 굴뚝을 통해서 방안으로 들어올 수 있을까 이었다. 내 생각으로는 그 좁은 굴뚝 속으로 몸집이 뚱뚱한 산타 할아버지가 도저히 들어갈 수도 없을뿐더러, 또 큰 선물 자루를 어께에 메고 어떻게 굴뚝 안으로 들어갈 것인지 궁금했다. 더군다나 우리 집은 온돌방인데 어떻게 방바닥을 뚫고 나올 수가 있으며, 또 굴뚝 그을음을 다 뒤집어써서 옷은 얼마나 새까맣게 될 것인가 걱정이었다.

나는 어린 시절에 단 한 번도 산타 할아버지의 선물을 받아 본적이 없었다. 그래서 나는 우리 집의 좁은 굴뚝을 원망하기도 했다. 나는 착한 어린이인데 우리 집의 굴뚝 구멍이 너무 좁아서 산타가 다른 집으로 갔다고 푸념을 했다.

그 뒤로 나는 크리스마스 이브 때에는 꼭 방문 문고리를 열어놓고 잤다. 그리고 자다가도 가끔 눈을 뜨고 문고리가 열려있는가를 확인하고 잤다. 그런데 그날 밤에도 산타는 오지 않았다.

나중에 철이 들고 나서야, 나는 서양식 주택과 우리 한옥 집의 구조가 다르다는 것을 이해하게 되었고, 순진했던 어린 시절에 문고리를 열어 놓고 산타를 기다리며 잤던 기억을 떠올리며 씁쓸한 미소를 지었다.

내가 이 글을 쓰고 있는 오늘 저녁이 크리스마스 이브다. 많은 어린이들이 마음이 들떠서 산타의 선물을 기대하고 있을 것이다. 제발 작년에 깜빡했던 산타 아빠들이 오늘 저녁엔 꼭 잊지 말고 산타 선물을 기억하기를 바란다. 이번에도 깜빡하면 또 일 년을 기다려야하는 우리 순박한 어린이들에게 마음의 상처를 선물하는 불량아빠가 되어서는 안 된다.

5. 가장(家長)의 공간

　지금은 민속촌이나 가야 구경할 수 있는 등잔불 밑에서 밤을 밝히던 시절이었다. 하얗게 눈이라도 내리는 밤이면 나는 문득 그 옛날의 등잔불이 그리워진다. 그때 나의 어머니는 등잔불 심지를 돋우어 가며 낮에 못 다한 일을 하시곤 했다. 나는 잠시도 일손을 놓지 않고 일하시는 어머니 옆에 앉아서 바늘에 실도 꿰어드리고, 이야기도 하면서, 따뜻한 아랫목에 누워서 놀기도 했다.

　그러다가 사랑채에서 안채로 들어오시는 아버지의 기침 소리가 나면 황급히 자리에서 일어나 주변을 치우곤 했었다. 나는 우리 집의 이대독자(二代獨子)로서 귀염을 한껏 받을 막내이었지만 아버지 앞에서 어리광을 한 번도 부려보지 못했다. 아버지가 큰 소리로 나무라는 일도 별로 없었지만 나는 아버지가 어려웠고, 또 감히 어리광이나 말대꾸 같은 불손한 행동은 상상할 수 없었다.

그러므로 아버지는 우리 집의 '절대군주'이었다. 그리고 우리는 그 절대 권위 앞에 절대 복종했고, 또 충실히 복종하는 것을 최고의 미덕으로 알았다.

나는 지금 그 옛날의 아버지를 회상해본다. 자식들이 감히 어리광이나 말대꾸 같은 것을 엄두도 못 내게 한 아버지의 위엄은 도대체 어디서 오는 것일까?

나의 아버지는 대단한 학식이 있는 석학도 아니었고, 막강한 권력을 가진 권세가도 아니었다. 그저 시골에서 농사일을 감농하면서 사셨던 평범한 가장이었다.

그런데 우리 집에는 안채 건너편에 사랑채가 있었다. 그 사랑채는 아버지가 항상 거처하는 생활의 공간이었다. 아버지는 식사와 취침만 안채에서 하실 뿐, 모든 생활을 그곳 사랑채에서 생활하셨다.

특히 외지에서 손님이라도 오시는 날에는 아예 식사와 취침을 사랑채에서 하시곤 하셨다. 그러니까 사랑채는 안채의 가족들과 거리를 유지하는 아버지의 공간이었고, 부녀자나 자식들의 출입이 금지된 어른들만의 공간이었다.

지금 생각해 보면 그 공간이 아버지의 위엄과 권위를 생성해내는 근원지가 아니었는가 하는 생각이 든다.

그러나 오늘을 살아가고 있는 우리 핵가족들에게는 이러한 공간이 없다. 도시의 아파트나 협소한 개인 주택들은 생활의 편리함을 향유할 수 있으나, 가장의 공간을 제공해 주지 못한다. 서로 격식 없이 어울려 생활하는 데에서 오는 자연스러움이 있을지 모르나, 가장의 모든 면이 아무런 여과도 없이 가족들에게 노출되어 있다. 가장의 꼴이 측은한 상황에 까지 전락한 상태다. 이것은 비교적 생활의 여유를 가졌던 농경사회에서 급박한 산업사회로 발전하는 과정에서 가장들이 겪는 수난이기도 하다.

그러므로 아버지의 공간을 상실한 오늘의 가장들은 이 잃어버린 자신들의 공간을 회복하기위하여 부단히 노력해야 할 것이다. 이를 위해서 자연 속에서 자신의 공간을 갖는 것도 좋고, 자기 자신만의 정신적 세계의 공간을 추구하는 것도 좋다. 하여간 오늘을 사는 가장들은 자기 공간을 갖기 어려운 시대에 살고 있음을 인식하고 이를 극복할 수 있는 길을 찾아야 할 것이다.

6. 손녀(孫女)딸 이름 짓기

가부장제가 엄격했던 시절에는 손자와 손녀의 이름 짓는 일은 할아버지의 절대적 권한이었다. 할아버지가 손자의 이름을 여러 개 지었다가, 그 중에서 가장 마음에 드는 이름 하나를 낙점하면, 아비는 곧 바로 그 이름을 호적에 올리는 것이 도리였다.

그러나 이런 전래 풍습은 이제는 옛 이야기가 되어 버렸다. 오늘날에는 이 모든 일이 아기의 부모 몫이 되어 버렸다. 더욱 심한 경우에는 엄마가 자기 스스로 이름을 짓거나, 작명가에게 의뢰하여 짓기도 한다. 이런 현실은 우리가 예전과는 다른 변화된 사회에서 살아가고 있음을 보여주는 한 예이기도 하다.

2003년에 우리 손녀딸이 달라스에서 태어났다. 그 당시 아들은 택사스 대학교 의과대학의 선임 연구원(Senior Research Scientist)으로 근무하고 있었고, 며느리는 같은 의과대학에서 박사과정 중이었다. 며느리는 인디안애포리스(Indianapolis, 이 도시를 한국에서는 인디아나 포리스라고 말한다.)에서 달라스(Dallas)로 이사를 하면서 산모의 몸으로 박사과정 공부도 해야 했고, 애를 낳을 준비도 해야 했다.

미국 날짜로 4월 5일이었다. 마침내 며느리가 산기가 있어 병원에 간지 몇 시간이 지난 뒤에 우리 손녀딸이 태어났다. 나는 손자가 아니고 손녀딸이라는 소식을 듣고서 마음이 좀 서운했었지만, 첫 손녀딸을 보기 위해서 급히 병원으로 갔다. 나는 궁금한 마음과 초조한 마음을 억누르며 병원 복도에서 서성거렸다.

얼마를 기다린 후에 백인 간호사가 손녀딸을 데리고 왔다. 신생아실 유리창을 사이에 두고 손녀딸과 나는 첫 대면을 했다. 조그마한 얼굴에 코, 입, 눈, 귀 등 이목구비가 어찌나 깜찍스럽고, 예쁜지 한참 동안 넋을 잃고 바라보았다. 신생아가 이처럼 신비스럽고 예쁜 줄을 예전엔 미처 몰랐다.

한 달쯤 지났을 무렵에 나는 사전과 옥편을 펴놓고 손녀딸 이름 짓기에 몰두했다. 여러 개 이름을 지어 보았다. 그러나 마음에 드는 이름이 없었다. 아주 쏙 마음에 드는 이름은 없었지만, 그래도 두세 개 이름을 아들에게 보여주었다. 그러나 아들의 반응이 별로였다. 아들과 며느리가 알아서 하도록 내버려 두라는 아내의 핀잔을 듣고서야 나는 손녀딸 이름 짓기를 그만두었다.

그래 너희들이 알아서 하라, 이렇게 마음을 정하고 나니,

내 마음이 좀 허전했다. 마침내 아들이 휴스톤 영사관으로 손녀딸 출생신고를 하겠다고 이름을 지어왔다.

'다은' (多恩), 미국명은 'Ashley Donna Kwon' 이었다. 나는 손녀딸 이름 짓는 작명권은 포기했지만, 집에서 손녀딸 이름을 부를 때에는 Middle Name 인 'Donna' 라고 부르라고 했다. 왜냐하면 First Name 은 발음하기가 어려우니, 부르기 쉽고 또 한국 이름하고도 비슷한 '다나'가 좋겠다고 말했다. 그러나 그 후 가족들은 모두가 '다나'가 아니라 '애쉬리'라고 부르고 있다. 나 혼자서 '다나'라고 부를 수 도 없고 나도 그냥 다수의 뜻에 따라 '애쉬리' 라고 부르고 있다. 그렇지만 난 가끔 혼자 있을 때 '다나' '다나'라고 가만히 불러본다.

7. 외손녀(外孫女)딸들

2003년 신학기가 시작하기 전에 나는 미국 미주리 대학에 객원교수로 가게 되었다. 마침 달라스에 있는 며느리가 산월 달이 4월이어서 타임밍을 잘 맞추었다. 처음으로 친 손주를 보게 되는 설레임과 손자일까 손녀일까 하는 궁금증도 감출 수 없었다.

미국으로 떠날 준비를 여러 가지로 많이 했다. 아내와 함께 큰 가방을 두 개나 들고서 큰 사위, 큰 딸, 외손녀딸들의 호위(?)를 받으며 인천 공항에 도착 했다. 귀여운 외손녀딸들을 한참 동안 못 보게 될 것 같으니 서운한 마음이 물밀듯 밀려 왔다.

나는 너무도 예쁜 외손녀딸들을 지나칠 정도로 예뻐했다. 그래서 나는 이별의 의식으로 외손녀딸들의 볼에다, 이마에다 뽀뽀를 두어 번이나 해 주었고, 머리도 쓰다듬고 포옹도 하며 이별의 아쉬움을 나누었다.

'서연아, 외할아버지 올 때까지 잘 있어. 아빠, 엄마 말 잘 듣고.' '예다 도 잘 있어, 응!' 이렇게 말하고서 난 아내와 함께 탑승구로 들어갔다.

비행기 속에서 난 미주리대학에서 그리고 달라스에서 해야 할 여러 가지 일들에 대한 생각들로 머리가 어수선 했다. 미국에 도착하여 얼마 되지 않아서 큰 딸로부터 이메일이 도착했다.

2003-03-05 오후 9:14:17
제목 : 서연이를 사랑한 보람

첫손주로 사랑을 한 몸에 받았던 서연이!
오늘 할아버님 출국(미국)하시는데 엉엉 통곡을 했습니다.
할아버님은 매우 만족하신 듯 웃으시며 출국을 하셨답니다.

'우리 서연이, 할아버지 묘소에나 찾아 올 런지'
한 잔 술에 허허 웃으시면서 말씀하시곤 했는데.
그 사랑한 보람이 있었습니다.

할아버지를 껴안고는 감정에 북받쳐
옷자락에 얼굴을 떼지 못하더니
할아버지 모습이 안 보이는데도
잠깐씩 자동문이 열리면 까치발을 하고서
할아버지를 찾으며 계속 흐느꼈답니다.

에스컬레이터를 타고 일층으로 내려오는데도
계속 닭똥 같은 눈물이 뚝뚝!!!
저녁 생각도 없다는 서연 이를 보면서
울 아버지 손녀 사랑의 결실을 보는 것 같아 뿌듯했습니다.

--- 큰딸 서연 어미 ---

메일을 다 읽고 나니 외손녀 딸 서연이 생각이 새록새록 솟아났다. 서연이의 외할아버지에 대한 '정'이 감동 그 자체이었다. 동생 예다는 철없이 웃고 즐거워하며, 저녁밥도 한 그릇 잘 먹고서 잠도 푹 잘도 잤다는데, 서연 이는 저녁밥도 생각 없다고 먹지 않고, 눈언저리에 눈물 자국이 있는 채로 잠이 들었다니 내 마음이 찡하였다.

서연이는 같은 나이 또래 애들보다 키가 훨씬 크고, 얼굴도 빼어나게 예쁜데 말 수가 적은 편이다. 그런 서연이가 외할아버지에 대한 '정'을 그처럼 속내에 간직하고 있는 줄을 몰랐다. 예다는 서연이와는 대조적으로 항상 입가에 웃음을 띠고, 명랑 쾌활한 애교 덩어리다. 어쩌면 그렇게도 두 외손녀 딸이 서로 성격이 대조적인지 신기하기만 하다.

우리 외손녀딸들은 외할머니 보다 외할아버지를 더 좋아한다. 나를 만나면 하고 싶은 이야기도 많다. 영어 선생님 이야기, 발레, 피아노등 그간에 있었던 여러 가지 이야기들을 좋알댄다.

나는 외손녀딸들이 큰 소리로 까르르 까르르 웃는 웃음소리도 듣기 좋고 온 집안을 거침없이 돌아다니며 뛰노는 모습도 보기 좋다. 그리고 한참을 놀고 나면 책읽기에 몰두 한다. 책을 읽기 시작하면 거의 삼매경이다.

가끔 외손녀딸들이 외갓집에 오면, 각자 자기가 가지고 온 책들을 읽기 시작 한다. 엄마, 아빠가 강요하는 것도 아니다. 책 읽기는 마치 맛있는 음식을 먹는 것과 같다. 여행하는 차 속에서도 책에서 눈을 떼지 않는다. 이러니 외손녀딸들의 시력이 온전할 리 가없다.

초등학교 일학년 때부터 두 놈 다 안경을 쓰기 시작하니 얼마나 불편할까? 참으로 안쓰럽다. 애들 이모가 한 말이 생각난다. '이 애들은 활자 중독증에 걸린 것 같아요.' 그렇다고 책을 읽지 말라고 혼을 낼 수도 없다.

나는 우리 외손녀딸들의 이런 모습에서 유전인자의 무서움을 느낀다. 이 애들 아빠가 막 장가왔던 새 신랑 때부터 지금까지 처가에 오면 책을 손에서 놓지 않고 읽는다. 밥상이 들어오면 그때서야 책을 놓는다. 이런 아빠의 유전인자가 그대로 외손녀딸들에게 이어져서인지 모든 언행이 너무나 아빠를 빼닮았다.

앞으로 우리 외손녀딸들이 훌륭한 학자가 되었으면 좋겠다. 이 외할아버지의 꿈이 꼭 이루어지기를 소망한다.

8. 베개

겨울방학이 되면 외손녀딸들이 외갓집에 온다. 추운 날씨 때문에 자연히 집안에서 노는 시간이 많다. 맛있는 간식거리를 외할머니가 만들어 주면 아이들은 잘도 먹고 잘도 논다.

동화책이며 위인전이며 재미있는 이야기책 등을 읽다가 그것도 싫증이 나면 놀이를 하고 논다. 아이들이 가지고 노는 장난감 중에서 가장 재미있고 싫증나지 않는 것이 베개다.

아니나 다를 가 우리 외손녀딸들도 베개가지고 노는 것을 제일 좋아한다. 요즘 베개는 몰랑몰랑한 화학솜으로 채워져 있어서 마구 던져도 먼지가 별로 나지 않는다. 아이들은 베개를 서로 던지며 재미있게 논다. 먼지 난다고 나무라는 어른들의 아우성에도 아무 소용이 없다.

아이들은 베개를 천정 높이 던지며 까르르 까르르 즐겁게 웃으며 논다. 그러니까 베개는 배구공도 되었다가, 말이 되었다가, 자동차도 되었다가, 비행기도 된다. 어린이들의 상상력은 끝이 없다.

외손녀딸들은 베개를 가지고 놀다가 베개 노래가사에 곡조까지 지어서 노래 부른다.

베개야, 날라라, 베개야, 날라라,
하늘높이 날라라, 하얀 구름 타고서,
빨리 빨리 날라라, 우리 엄마한테로,
베개야, 날라라, 베개야, 날라라.

두둥실 하늘에 떠있는 하얀 구름 타고서 엄마가 있는 서울로 가고 싶은 아이들의 마음이 은연중에 드러나 보인다.

베개는 어른들에게도 매우 중요한 침구중의 하나다. 베개가 불편하면 잠을 편히 잘 수가 없다. 심지어 베개는 우리의 수명과도 밀접한 관련이 있다고 한다.

나는 미국에 교환교수로 나갈 때에도 늘 내가 베고 자던 베개를 가지고 갔다. 사람들이 웃을지 몰라도 나는 베개가 편안하지 않으면 숙면을 취하지 못하는 버릇이 있다. 이런 습관 때문에 해외로 나들이를 할 때에는 늘 다른 휴대품들을 줄여서라도 꼭 베개는 챙겨서간다. 내 성격상 베개도 재래식 전통 베개이어야 잠이 잘 온다. 이불가게에서 파는 현대식 베개는 너무나 부드럽고 물렁해서 베고 누우면 머리가 공중부상 하는 것 같아서 도저히 잠을 이룰 수가 없다.

나는 오늘도 변함없이 재래식 전통 베개를 베고 잔다. 내 베개가 이런 나의 일편단심을 아는지 모르겠다.

9. 건망증

아내가 병상에 누어 서울 아들집에서 기거하고 있는지가 거의 일 년이 넘었다. 서울에서 전주근교에 있는 시골집으로 왔다 갔다 하는 생활도 이젠 어느 정도 이골이 났다. 정년퇴직을 하고보니, 예전처럼 시간에 쫓겨 가며 병원으로 학교로 오고 가는 번거로움도 없어졌다. 서울 집에 간병인이 있어 아내의 보살핌도 수월해졌고, 시골집으로 내려가서 집안일을 보는 것도 이젠 여유가 생겼다.

지난 늦가을 이었다. 오랜만에 시골집에 와보니 집안이 엉망이었다. 토방이며 마루며 먼지가 쌓여있었고, 방문을 열고 들어가 보니 방안에서 나오는 냉기가 얼굴에 와 닿았다. 너무 오랫동안 비워둔 방이라 퀴퀴한 냄새까지 났다. 그래서 방문을 모두 열어놓고 보일러에 불을 붙였다.

전주시내로 나가서 이것저것 장을 보기 위해서 나는 시내버스를 타고 전주역 부근에 있는 마트 앞에서 내렸다. 마트

안으로 들어가서 찬거리를 카트에 담아 계산대 앞으로 갔다. 지갑을 꺼내려 하니 지갑이 없다. 호주머니를 다 뒤져 보아도 지갑이 없다. 가만히 생각해 보니 웃옷을 갈아입고 나왔다. 난 너무나 황당했다. 어떻게 해야 하나? 그냥 집으로 갈 수밖에 없었다. 그런데 택시비도 버스비도 없다. 이런 일을 처음 당하고 보니 어처구니가 없다. 이런 내 자신에 울화가 부글부글 치밀어 왔다.

내가 왜 이럴까? 건망증이 이런 것인가? 평소에 난 치밀한 성격이라고 자부했는데. 나는 집을 향해서 걷기 시작했다. 십리 길은 족히 되는 길을 걸어가자니 이 생각 저 생각이 떠오르며 내 자신에 대한 분노가 북받쳐 올랐다.

하늘이 우중충하더니 가랑비가 내리기 시작한다. 비야 내려라, 계속 내려라. 난 자학적으로 중얼거렸다. 우산도 없이 가을비를 맞으며 나는 걷고 또 걸었다. 자동차는 쉴 새 없이 내 옆을 스치며 무섭게 달린다. 길을 걷는 사람은 단 나 하나뿐이다. 누군가가 비를 쫄쫄 맞으며 걸어가는 내 꼴을 보았다면 얼마나 내가 우스꽝스럽고 처량하게 보였을까.

이렇게 한참을 걸으니 초포다리가 보였다. 다리에서 부터는 포장도로가 아닌 소양천 제방을 따라 걸어갔다. 나는 차도 사람도 없는 제방 위를 한참 걸어갔다. 이젠 제법 세차게 바람까지 불며 비가 내린다. 난 비바람을 맞으며 걷고 또 걸었다.

건망증 덕택에 오래간만에 먼 길을 걸어 보았다. 건망증이

남의일 인줄 알았더니 나에게도 찾아왔구나 생각하니 기가
막혔다. 내가 나이를 먹긴 먹은 모양이다. 내 마음은 아직도
오십대에 머물러있는데---

　비오는 날의 저녁 무렵이라 그런지 날이 벌써 어둠 컴컴
해진다. 나는 사방에 어둠발이 두른 제방을 걸으며 결심했다.
이제 나도 모르게 늙어버린 내 자신을 더 이상 자학(自虐)하지
말고 사랑해야겠다고.

　원컨대, 건망증아! 너 좀 제발 나한테서는 저만큼 비켜가
거라.

10. 사과 궤짝

요즘에 사과 궤짝이라고 하면 이상한 이미지가 떠올라 부정적인 생각을 한다. 어쩌다가 세상이 이렇게 변질되었는지 한심스러운 일이다. 비리 정치인들과 연관된 사람들이 저지른 부도덕한 이미지인 셈이다. 그러나 나에게는 사과궤짝의 또 다른 이미지가 있다.

나에게 고모벌이 되는 친척이 한분 있는데, 평소에 아주 가깝게 지내는 사이라 집안의 모든 사소한일까지 허물없이 이야기하며 지내고 있는 사이다.

그 고모는 전에는 남부끄럽지 않게 잘 살았었는데 가세가 기울어 요즘에는 화장품 행상을 하며 생계를 유지하고 있다. 매일 같이 아침이면 화장품 가방을 들고 친척 집이나, 친구들을 찾아다니며 방문 판매를 한다. 화장품을 팔기보다는 세상 사는 이야기로 수다를 떨다가 그냥 헛걸음 치고 돌아오는 때가 더 많다고 한다.

고모부는 아침부터 저녁까지 시도 때도 없이 술만 마시는 위인이다. 거의 알콜 중독된 분으로 맑은 정신이 들어있는 때보다는 술에 취해 있을 때가 대부분이어서, 말하자면 술로 인생을 사는 분이다. 젊어서는 정치를 한다고 바람처럼 돌아다니다가 이젠 집에 칩거하면서 술로 세월을 보내고 있다. 그러니 고모가 생계를 책임지지 않을 수 없게 되었다.

고모에게는 아들만 둘이 있다. 큰 아들은 공부가 시원치 못하다. 속이 좀 없는 아들이라 엄마에게 의지하는 것이 많다. 엄마가 어렵게 행상으로 고생하는 것도 가슴 아프게 생각하지도 않고, 자기가 원하는 것은 무엇이나 사내라고 졸라대고, 아버지가 매일 술로 사는 것도 별다른 생각 없이 받아드리는 아들이다.

그러나 막내아들은 형과는 좀 다르다. 주정뱅이 아버지에게 한번 도 불손하게 말대답을 하지 않는 효자다. 철없는 형에게도 형님 대우를 깍듯이 한다. 엄마가 특별히 가르치지도 안했는데도 부모에 대한 효심이나 형제간에 우애가 깊다.

형은 좋은 책상을 놓고 의자에 앉아서 공부를 한다. 그러나 형은 공부에는 별 관심이 없다. 그러나 동생은 나무로 된 사과궤짝에다 신문지를 깔아 놓고 그 위에 책을 펼쳐놓고 공부를 한다. 동생은 어려서부터 모든 것을 형에게 양보하면서도, 어려운 환경을 단 한번 도 탓하지 않고 열심히 공부했다. 그리고 항상 전교 일등을 했다. 공부뿐만 아니라 품행도 모범생이다. 남들이 손가락질하는 주정뱅이 아버지를 부축해서 집에 모시고 오는 아들의 모습을 보고 마을 사람들은 막내아들 칭찬을 많이 했다.

동생은 사과 궤짝을 책상삼아 공부하면서도 불평 한마디가 없었다. 동생은 노력한 보람이 있어서 서울 법대에 합격했고, 이어서 사법, 행정, 외무고시에 모두 합격하여 삼관왕이 되었다. 정말 어려운 환경을 극복한 인간 승리이었다.

고모는 지금도 아들이 공부했던 그 사과 궤짝을 버리지 않고 소중하게 보관하고 있다. 그리고 그 보물을 가보로 간직하겠다고 눈시울을 적신다.

11. 귀찮니스트

귀찮다는 말에서 유래된 신조어(新造語)로 '귀찮니스트' 그리고 '귀찮니즘' 이란 말이 있다. 이런 낱말들이 요즘 인구에 회자되기 시작하면서 인터넷 국어사전에도 등장했다. 귀찮은 일을 몹시 싫어하는 태도나 사고방식을 귀찮니즘 이라고 일컫고, 귀찮은 일을 매우 싫어하고 혼자 노는데 익숙한 젊은 세대의 사람들을 비유적으로 이르는 말이 귀찮니스트 라고 한다는 것이다.

이런 귀찮니스트들은 주요활동무대가 집안이다. 이들 곁에는 으레 TV 리모컨이나 컴퓨터 마우스가 손에 닿을만한 거리에 있다.

이들 귀찮니스트들은 주로 방안에서 세상과 소통한다. 이들은 모든 일이 성가 싫고 귀찮다. 다른 사람과의 교제도 귀찮다. 아침에 잠자리에서 일어나는 것도, 이불을 개는 것도 귀찮다. 세수하는 것도, 심지어 밥을 먹는 것 까지도 귀찮다.

이들에게는 숨 쉬는 것만 빼놓고는 만사가 다 귀찮다.

구 한말(舊 韓末) 개화기 때 있었던 진풍경에 관한 이야기를 하나 소개해 보겠다. 그 당시에 우리나라에 처음으로 서양의 스포츠문화가 유입되면서 정구(庭球)라는 구기경기가 들어왔다. 황실의 귀족들과 고관대작(高官大爵)들이 마당 한 가운데에다 그물망을 가로질러 쳐놓고, 그 양쪽에서 주걱 같은 라켓으로 공을 쳤다. 서투른 솜씨로 공을 치다보니 공은 그물망에 걸리거나 엉뚱한 곳으로 날아가 버리기가 일쑤였다.

멀리 빗나간 공을 양반들이 이리 뛰고 저리 뛰면서 줍는다는 것이 여간 귀찮은 일이 아니었다. 양반 귀족들의 체면에도 경망스럽게 뛰어다니면서 허리를 굽혀 공을 줍는 행동이 매우 민망스러웠다. 그래서 생각 끝에 하인들을 경기장 가장자리에 세워놓고, 그들로 하여금 공을 주어오도록 했다. 양반들은 가만히 서서 하인들이 주어온 공을 공손히 받치면, 그것을 받아서 쳤으니 이 광경을 옆에서 구경한 서양인들이 고소(苦笑)를 금치 못했다고 한다.

오늘날 테니스를 하다가 공을 줍는 것이 귀찮아서 운동을 그만 둔 사람은 없다. 땀을 흘리며 이리 뛰고 저리 뛰어다니는 것이 신체단련에도 좋고, 정신적 스트레스도 해소시켜준다고 믿기에 많은 사람들이 즐거운 마음으로 열심히 운동을 한다.

우리가 살고 있는 이 시대는 자고나면 새롭게 변화한다. 하루가 다르게 변화한다. 이런 변화를 귀찮니스트들은 거부

한다. 새롭게 바뀐 모-드나 시스템에 적응하기 위해서는 적극적인 의욕과 모험이 뒤따른다. 그리고 그런 모험에는 반듯이 용기가 있어야한다. 그러나 귀찮니스트들에게는 모험이나 용기는 고사하고 아예 처음부터 새로운 변화에 도전하고자 하는 의욕이 없다.

귀찮니즘은 변화를 거부하는 노인들만의 전유물은 아니다. 젊은이들도 변화를 두려워하고 도전 정신이 없다면 곧 바로 귀찮니스트 대열에 합류하고 만다. 왜냐하면 희망찬 미래는 새로운 변화에 도전하는 용기와 패기가 넘치는 젊은이들의 것이기 때문이다.

12. 산책 등산

　내가 서울 관악산 아래에 둥지를 튼 지도 거의 2년이나 되어간다. 내가 이곳으로 잠시 거처를 옮긴 것은 아들이 재직하고 있는 대학교에서 제공한 아파트로 이사를 했기 때문이다.

　병상에 있는 아내가 아들 아파트로 오게 되니 나도 전주 근교의 시골집에서 올라와 이곳에서 생활하게 되었다.

　나는 시간이 나는 대로 가끔 관악산 끝자락에 있는 이곳 아파트 뒷산을 산책한다. 나의 산책은 그냥 평지를 걷는 것도 아니고, 그렇다고 땀을 흘리며 힘들게 오르는 등산도 아닌 낮은 산의 능선을 등반하는 산책등산(散策登山)이다. 이런 산책등산이란 내가 만들어낸 신조어(新造語)인데, 정의를 내린다면 평지를 걷는 산보도 아니고, 험준한 산을 오르는 등산도 아닌 그 중간 쯤 이라고 생각하면 된다.

　산책등산은 봄부터 겨울까지 비가 오나 눈이 오나 날씨에 관계없이 사계절 어느 때나 즐길 수 있어 좋다. 산책등산이 좋은 것은 혼자서 즐길 수 있다는 것이다. 자기 체력에 맞추어 걸어가니 남의 눈치를 볼 필요도 없다.

다른 사람들과 보조를 맞추어 걸어 갈 필요가 없으니 얼마나 자유롭고 마음이 평안한지 모른다. 혼자서 걷다가 아름다운 풍광을 보면 마음껏 즐길 수 있고, 또 여유 있게 쉬면서 한가로이 사색에 잠길 수 도 있다.

어느 누구에게도 마음 쓰지 않아도 되니 얼마나 자유롭고 좋은지 모른다. 자연의 품안에서 오직 나만의 시간을 갖는다는 것이 이렇게 좋은 것인 줄을 전에는 미처 깨닫지 못했다.

산책등산에서 배우는 것은 자연의 고마움이다. 자연은 우리게 너무도 많은 것들을 베풀어준다. 맑은 공기와 깨끗한 물 그리고 아름다운 꽃과 울창한 숲 등 자연이 주는 혜택은 이루 다 말할 수가 없다.

그런데 우리는 그런 자연의 고마움을 잊으며 살아가고 있다. 우리도 이 자연의 터전에서 살만큼 살다가 때가되면 다시 자연으로 돌아가 한줌의 흙이 될 터인데 말이다.

산책등산은 체력단련과 같은 목적의식이 없어서 여유롭고 한가하다. 친구들과 여럿이 떼를 지어 군대 행군하듯이 하는 등산을 할 때는, 조금만 지체했다하면 일행은 저만치 멀리 가버리니 힘이 겨워 쉬고 싶어도 참아야만 했다. 그러나 산책등산은 혼자 걸으면서 사색하는 등산이니 아무런 부담감이 없어 좋다.

산책길에 만나는 이름 모를 야생화들, 연록색의 어린 새순

들, 숲을 스치고 지나가는 바람에 나뒹구는 나무 잎들, 나무
가지에서 재잘거리는 산새들, 이 모두가 나를 자연과 하나가
되게 한다.

오늘 아직도 겨울의 기세가 꺾어지지 않은 늦은 오후에
나는 등산화와 등산모로 무장을 하고 뒷산의 능선에 도열하
여 서있는 참나무들을 보러 산책등산을 나섰다.

산에 막 들어서니 참나무의 누런 낙엽들이 아직도 잔설을
안고 온산을 뒤덮고 있었다. 능선에 오르니 키 큰 참나무들이
하늘을 향해 팔을 벌리고 찬바람을 맞고 있었다.

참나무들은 겨울 내내 그곳 능선에 서서 눈비를 맞아 온
몸이 터져 갈라져있었다. 참나무 껍질을 손으로 만져보니 거
칠고 골이 깊게 패여 있었다.

나는 아무 불평 한마디도 없이 서있는 참나무가 안쓰럽기
도 하고 대견스럽기도 했다. 아무 불평도 없이 찬바람을 맞고
있는 참나무를 몇 번 쓰다듬어주고 나는 걸음을 옮겼다. 멀리
서 다시 뒤돌아보니 가지가 앙상한 참나무들이 저녁 햇살에
유난히 키가 커 보였다.

13. 올드 팝송

옛날 젊은 시절의 팝송을 들어 본지도 까마득하다. 언제 들어 봤는지도 기억조차 없다. 그러니까 내가 대학 다니면서 흥얼거렸던 팝송들은 거의 뇌리에서 사라진지 오래다. 오늘 날 까지 앞만 보고 살아오느라고 먼 과거로의 여행 같은 것은 사치스런 것이었다.

지난 추운 어느 겨울날이었다. 외손녀를 보러 전철을 타고 동호대교를 막 지나갈 무렵이었다. 오리 몇 마리가 한가로이 떠있는 한강을 보고 있는데, 멀리서 음악소리가 들려왔다. 내가 옛날 대학 시절에 들었던 팝송 '그린 필드'였다.

Once there were green-fields, kissed by the sun--- 오디오를 카트에 끌고 다니는 중년의 점잖은 판매 상인이 낮은 목소리로 팝송을 설명하고 있었다.

그렇지 않아도 삶에 지쳐있는 사람들의 가슴에 옛 향수를 자극하니 충동구매를 하지 않을 수 가없었다. 여기저기서 지갑을 연다. 나도 지갑을 열고 CD를 샀다.

사람의 귀는 보수적이고 눈은 진보적이라고 한다. 그래서 귀는 옛날에 자주 들었던 노래를 듣고 싶어 한다. 새로 나온 노래는 귀에 거슬린다. 그래서 귀는 옛 노래를 즐겨 듣는다. 그러니까 우리의 귀는 새로운 변화를 거부하는 보수파이다.

이에 반해서 눈은 진보적이다. 눈은 항상 새로운 것을 보고 싶어 한다. 늘 평소에 보았던 것은 금방 싫증이 난다. 그래서 우리는 눈을 즐겁게 하기위하여 한 번도 가보지 못한 먼 곳으로 여행을 한다.

올드 팝송은 이러한 보수적 성향을 고집하는 우리의 귀에 호소한다. 새로운 것, 그리고 신기한 것을 추종하는 눈은 활동 범위가 크고 비용도 많이 든다. 그러나 귀는 옛 향수에 대한 우리의 가슴을 자극한다.

전철 안에서 들은 올드 팝송은 이젠 희미하게 다 잊어버린 젊은 날의 꿈과 낭만을 회상시켜 준다. 옛 친구와 함께 술이라도 한잔 기울이면서 올드 팝송을 들으면 분위기는 더욱 고조되리라.

노인은 과거에 살고, 청년은 미래에 산다고 하는 말이 잇듯이, 올드 팝송은 우리의 해 묶은 귀에 향수를 불러일으킨다.

14. 노후준비

누가 미래를 두려워하면서 잠 못 이룬다면
그는 아직 오지도 않은 시간을
가불해서 쓰고 있는 것이다.

법정

인간은 언젠가는 늙기 마련이다. 이 평범한 진리를 깨닫는 때가 각기 다를 뿐이다. 일찍이 깨닫는 사람을 우리는 인생의 선각자라고 한다.

요즘 외국 보험회사를 비롯해서 많은 국내 보험회사들이 노인질병에 대한 보험광고로 TV나 신문을 도배하고 있다. 얼마 전 만하더라도 제약회사 광고에서나 관절염과 치통 같은 약품광고에 노인들이 등장했는데, 요즘엔 노인 질병에 대한 실버보험의 선전에 노인들을 자주 보게 된다.

TV에서 노인들을 모델로 한 CF광고를 보고 있노라면 우리가 이제 노령화 사회로 진입했음을 피부로 느끼는 것 같다. 오늘날 나날이 증가하는 노인들은 사회적으로 여러 가지 순기능과 역기능을 만들어 내고 있다.

이 시대의 노인세대들은 너무도 험난한 시대의 격변기를 살아왔다. 그들은 일제식민지 시대를 거치면서 나라를 잃은 고통 속에서 피 눈물을 흘렸고, 끈질기게 악착같이 살아남아서 8.15를 맞이하여 해방의 희열을 느꼈다. 그리고 숨을 좀 고르다가 6.25라는 엄청난 피비린내 나는 참화 속에서 동족상잔(同族相殘)이라는 비극을 겪었다. 전쟁의 상처가 다 아물기도 전에 4.19라는 정치적 변혁기를 맞아 민주와 자유를 온몸으로 체득했고, 이어서 5.16 군사혁명 때에는 처음으로 군사 쿠테타의 의미와 '하면 된다.' '안되면 되게 하라.'라는 군사문화를 낯설게 익혔다. 이젠 아픈 과거의 상처가 거의 다 아물고 어느 정도 밥술이나 먹으면서, 시장경제의 풍요로움 속에 OECD 선진국대열의 맨 끝자리에 앉아 한숨 돌리고 있는데, 난데없이 구시대의 망령인 이념갈등이 나타나 온 나라를 좌우로 흔들어대니 노인세대들은 너무나 속이 울렁거리고 현기증이 난다.

이런 파란 만장한 인생을 살아온 우리 노인들은 오늘날 이념의 혼란과 전통적 가치관의 붕괴에 직면하고 있다. 출산율의 저하로 신생아는 해마다 줄어들고 노인의 수명은 계속해서 늘어나니 우리나라가 어느덧 노령국가가 되어 버린 것이다. 노인들은 이제 더 이상 존경의 대상이 아니라 심각한 사회문제로 대두되고 있다.

옛날에는 인생의 한 평생을 60세 로 보고서 회갑이네, 환갑이네 해서 인생을 한 바퀴를 돌았다는 의미로 환갑잔치를 떡 벌어지게 벌렸다. 그러나 요즘엔 환갑잔치를 하는 노인(?)들은 거의 없다. 그 대신에 부부가 환갑여행을 가는 것이 상례가 되어버렸다.

이제는 예전과는 달리 젊은 환갑노인들이 옛날처럼 잔치상을 받고서 자식들 절 받기가 쑥스럽기 때문이다. 세상이 많이 변했다. 이제는 칠순 잔치를 하는 집도 드물다. 요즘 상가에 문상을 가보면 돌아가신 분의 연세가 거의 팔십이 넘어 구십에 이른다. 그러니 호상이라고 하여 눈물을 흘리지도 않고, 통곡하며 슬피 우는 가족들도 거의 없다.

세상이 이러다보니 자식들이 극 노인이 된 부모를 모시는 것을 부담스러워한다. 옛날에는 며느리가 집에서 살림만 했지만 지금은 부부가 맞벌이를 나가는 집이 많으니, 노령에 병든 부모를 병수발을 할 수가 없어 부득이 요양원으로 보내는 가정이 늘어나고 있다.

그래서 유아는 유아원으로, 노인은 요양원으로 가는 세상이 되어버린 것이다. 엄마가 퇴근하면 곧 바로 유아원으로 가서 아기를 데려오지만, 요양원은 일주일에 한번 정도, 아니면 한달에 한번 정도 찾아가는 세태가 되어 버렸다.

이런 사회현상을 위기로 느낀 노인들은 자신의 미래가 두렵다. 노인들은 잠 못 이루는 밤엔 이리 뒤적거리고 저리 뒤적거리며 다가올 그날을 걱정한다. 요즘 같이 밤이 긴 동지섣

달 밤엔 칠흑 같은 어둠을 탓하며 초조하게 새벽을 기다린다. 법정의 말처럼 아직 오지 않은 그날, 그 시간을 가불해서 쓰며 미리 걱정을 하고 있다.

몇 년 전에 후배교수 내외가 우리 집을 방문했다. 시골집 마당에서 차를 마시며 담소하다가 요즘 세상을 풍자하는 재미있는 이야기를 들려주었다.

요새 젊은 세대들은 집집마다 자녀를 대개 둘씩만 두는데, 아들만 둘을 둔 부모는 늙은 말년에 길바닥에서 죽고, 딸만 둘을 둔 부모는 싱크대 밑에서 죽고, 아들, 딸을 둔 부모는 요양원에서 죽는다는 것이다. 그 이유인즉, 아들만 둘을 둔 부모는 큰아들이 좀 서운하게 모시면 삐져서 막내아들한테 가고, 또 막내가 서운하게 하면 큰아들한테 가고, 이처럼 왔다 갔다 하다가 길바닥에서 죽는다는 것이다. 딸만 둘을 둔 부모는 딸네 집에 얹어 살면서 딸년의 허물없는 핀잔소리 들어가며, 싱크대 밑에서 걸레질하다가 죽는다는 것이다. 마지막으로 아들, 딸을 둔 부모는 좀 나은 편이다. 시집간 딸년이 노쇠한 친정 엄마가 어떻게 살고 있는 가, 항상 눈을 부릅뜨고 감시 하므로 올케는 시누의 감시가 부담스러워 시어머니를 실버타운의 요양원으로 보낸다는 것이다.

이 이야기는 아마도 웃자고 만들어낸 시중의 우스개 소리이겠지만 어느 정도 있을 법한 요즘의 현실을 풍자한 것 같다.

이런 사회 풍조를 일찍이 감지한 노인네들은 요즘엔 자식들에게 의지하지 않고 독립하여 살려고 노력한다.

우리가 너무 지나치게 과거나 미래에 집착하면, 지금 살고 있는 현실의 삶이 소멸되어 버린다. 지금 현재의 삶에 충실하고 최선을 다해 살아간다면 미래의 어떠한 불안과 두려움도 없을 것이다. 미래는 아무도 모른다. 오직 현재에 충실하며 준비하는 자의 것이다.

15. 추억(追憶)의 편린(片鱗)들

영국의 소설가 찰스 디킨스(Charles Dickens)의 <데이비드 코퍼필드>(David Copperfield)나 우리나라 허균의 <홍길동전>(洪吉童傳)에서 보듯이 고전소설의 주인공들은 의례히 첫 장에서 부터 이야기의 서두가 거의 다 비슷하다. 즉 주인공의 부모가 누구이고, 언제 어디서 태어났으며 용모가 어떻고 하면서 시작한다. 이런 상투적 수법이 고전소설의 특징이라는 것을 너무나도 잘 알고 있는 나로서도 나의 유년시절의 추억들을 이야기 하려고 하니 어쩔 수 없이 이런 시시콜콜한 고전소설의 수법이 자연스럽게 나오게 된다. 왜냐하면 한 인물의 지난 과거를 끄집어내려고 할 때 그가 언제, 어디서, 어떻게 살아 왔는가를 더듬어 보지 않을 수 없기 때문이다.

오늘날은 각 마을의 행정구역이 동(洞)이나 리(里)가 최소 단위로 되어 있지만, 일제강점기(또는 왜정시대)에는 동(洞)이란 말 대신에 일본식 행정 구역인 정(町)을 마을 이름으로 사

용했다. 그래서 지금도 나이 드신 노인들은 청수정, 고사정이
란 말이 곧잘 입에서 힘없이 튀어 나온다.

전주부 고사정(全州府 高砂町)은, 지금은 고사동(高士洞)이라
고 선비사(士)자를 쓰지만 일제 때에는 모래사(砂)자를 썼다.
나는 고사정에서 1941년 1월 11일, 음력으로는 1940년 12월 14
일에 태어났다. 내가 태어난 해인, 경진년(庚辰年), 이 해는 내
이름과 관련이 있다. 그래서 그 연유를 지금부터 이야기하고
자 한다.

나의 증조부는 전주, 완주 지방에서는 이름만 대도 알만한
대지주이었다. 증조부는 아들이 다섯, 딸을 셋이나 두었지만,
장자(長子)인 나의 조부가 외아들 하나만 두고서 25세의 젊은
나이에 세상을 뜨셨다. 그 당시에는 수부귀다남자 (壽富貴多男
子)가 행복(幸福)지수(指數)의 으뜸이었는데, 증조부는 늘 이것
이 마음에 걸리는 일이었다. 그런데 설상가상으로 하나 뿐인
장손자(나의 부친)가 결혼을 한 후 첫딸을 낳았는데, 태어난
지 6일 만에 하늘나라로 갔다. 그리고 13년 만에 얻은 아들(나
의 형님)은 여섯 살 이나 되었는데, 홍역으로 잃으니 증조부
의 실망은 이루 말할 수가 없었다. 그 후 여러 해가 지난 후에
마침내 기다리고 기다리던 증손자(필자)가 태어났으니, 증조
부의 기쁨은 이루 말할 수가 없었다.

증조부는 연일 증손자의 이름 짓기에 골몰하셨다. 이 세상
에서 제일 좋은 이름은 짓는다고 사랑채에서 며칠을 고민하
셨다. 한문 선생님(아버지에게 한학(漢學)을 가르치는 재택 과

외 선생님)의 조언을 들어가며 작명을 여러 개 했으나 모두 다 마음에 들지 않았다. 결국엔 '경진년(庚辰年)에 얻었으니. 경득(庚得)이라고 한다.' 라고 최종 결정을 내렸다고 한다. 나는 이런 이야기를 할머님으로부터 듣고, 어째서 내 이름이 항렬을 따라 작명이 되지 않았는가 하는 연유를 알게 되었다.

내가 태어난 날은 음력으로 섣달 열나흘 이었다. 그 당시엔 일연 중 가장 추운 때 이었다고 한다. 동장군(冬將軍)이 어찌나 기승을 부렸던지 음식이 다 얼어버렸고, 심지어 방문 고리를 손으로 잡으면 얼어붙었다고 한다.

나는 어린 시절부터 늘 '애맨 살' 먹은 애 라는 말을 자주 들었다. 보름 정도만 있으면 다음 해로 넘어가 태어났을 텐데, 그 안에 태어났으니 애매한 나이를 먹었다고 해서 붙여진 이름이 '애맨 살' 먹었다는 말이다.

지금은 일제 강점기란 말을 쓰고 있지만, 내가 어렸을 적엔 일정시대, 왜정시대란 말을 쓰곤 했다. 그러니까 일제 강점기인 1944년에 나의 큰누님이 시집을 갔다. 난 그 당시에 너무 어려서 기억에 남는 것이 거의 없는데, 딱 한 가지 사건만은 기억이 뚜렷하다.

그 당시 우리 집은 고사정에 있었다. 나의 큰 누님 결혼 준비로 온 집안이 한 참 바쁘던 어느 날이었다. 하루는 무섭게 생긴 일본 헌병이 큰 말을 타고 와서 우리 집 대문 앞에 딱 버티고 거만스럽게 서 있었다. 헌병이 타고 온 말은 어찌나 크던지 우리 집 담 너머로 말 머리가 보였다. 말이 머리를 흔들면서 큰 소리로 우는 모습이 무서웠고 헌병이 옆에 차고 있는 번쩍거리는 긴 칼도 무서웠다.

잠시 후 그 헌병은 말을 탄 채로 우리 집에서 갖다 준 산자 (옛날 쌀로 만든 한과)를 말에게 먹였다. 말은 큰 입으로 산자를 바삭 바삭 씹어 삼켰다. 나는 말이 무섭기도 했지만 호기심이 나기도 해서 헌병이 말을 타고 돌아갈 때까지 동네 꼬마들과 함께 열심히 지켜보았다.

그 후 세월이 한 참 지난 뒤에 나는 어머니에게 그 때에 왜 일본 헌병에게 산자를 갖다 주었는지를 여쭈어 보았다. 그러자 어머니는 그 때 일을 다음과 같이 이야기를 해주셨다.

"애야, 그 당시에는 집 안에서 큰 일 (결혼식)을 치룰 때, 쌀로는 아무것도 못 만들게 했지. 쌀은 공출 (정부에 납부하는 현물 세금)로 인해서 얼마나 귀했는지 모른다. 집 안에 쌀이 있어도 쌀로는 떡이나 술 그리고 산자 같은 것들을 만들 수가 없었지. 쌀로 그런 것들을 만들었다가 발각이 나면, 관청으로 붙들려가서 벌금을 내고 또 징역을 살기도 했어. 그런데 큰 누님 결혼 때 쓸려고 시골집에서 산자를 만들었던 거여. 그 산자를 설 짝에 담아서 머슴이 지게에 지고 막 대문 안에 들어서는데 헌병이 머슴 뒤를 밟아 와서 붙들어 버렸어. 온 집안이 난리가 났지. 그런데 다행히 문간방에 우리 동네의 반장 각시가 살고 있었는데, 일본 말을 좀 할 줄 알아서 그 헌병에게 이 산자는 쌀로 만든 것이 아니라, 밀가루로 만든 것이라고 설명을 했던 거여. 그래서 그 위기를 모면 했지."

나는 어머니의 긴 이야기를 듣고서야 헌병이 왜 산자를 말에게 먹였는지 이해가 되었다. 쌀이 아닌 하찮은 밀가루로 산자를 만들었다고 하니까 말에게 먹인 것 같았다.

해방이 되면서 우리 집은 고사정에서 시골에 있는 구억물 (九億里)집로 이사를 했다. 우리 가족들은 전주 북문 밖으로 십리쯤 떨어진 먼 길을 인력거를 타고 시골집으로 왔다.

구억물 집은 정말로 크고 넓었다. 종가집인 우리 집은 안채, 사랑채, 아래채, 행랑채, 광채가 있었다. 대문 밖에는 둘째 집, 셋째 집, 넷째 집이 있었고 또 채전 밭이 있었다. 마을 모정 앞에는 도랑 (개천)이 흐르고 있었고 양쪽에는 수백 년이나 된 정자나무들이 늘어서 있었다. 또 큰 내 (川)에는 물고기들이 많이 놀고 있었다.

우리 집 광속에는 옛날에 쓰던 물건들이 어지럽게 널려져 있었다. 광 근처에는 먼지도 많았고 거미줄도 많았다. 여름철이면 삼나무 껍질을 벗긴 하얀 저럽대기에 거미줄을 감아 가지고 잠자리를 잡으러 다녔고, 큰 내((川)로 가서는 물고기를 잡으며 놀기도 했다. 온 마을은 내가 뛰고 노는 마당이고 운동장이었다.

해방이 되어 2년이 지난 1947년 봄이었다. 나는 초등학교에 입학할 나이가 되었다. 그 당시에는 초등학교에 입학하는데에도 수학능력을 테스트 하는 입학시험이 있었다. 입학시험은 구두시험인데 미리 준비를 해야 한다고 했다. 나는 구두를 신고 가서 보는 시험인 줄 알았는데 시험장에 가서 보니 이름, 나이, 태극기 등에 대해서 물어 보는 시험이었다.

나는 초등학교까지 거의 매일 신작로 길을 걸어 다녔다. 걸어서 약 40분 쯤 걸리는 거리를 지름길로 가기 위해서 논두렁길을 걸어가기도 했다. 그 당시에는 모두들 다 그렇게 걸어서 학교를 다녔다.

내가 초등학교 2학년이 되었을 때 그러니까 1948년 봄에 우리 집에는 정말 큰 일이 일어났다. 우리 아버지가 돌아 가셨다. 아버지는 매일 집에서 내린 술을 마셨다. 그것도 독한 소주만을 마셨으니 간이 온전할 리가 없었다.

어린 외아들을 남겨놓고 돌아가신 아버지의 심정이 오죽했을까? 나는 아버지가 돌아가신 후에 술은 절대로 입에 넣어서는 안 되는 독약으로 생각했다. 정말로 나는 술을 입에 대지 않았다. 그런데 내가 결혼을 해서 막내딸을 낳고 난 후부터 그 결심이 허물어 졌다. 독자를 둔 나는 아들을 하나 더 두었으면 하고 기대했는데, 아들이 아니고 딸이 태어나자 실망이 너무 컸다. 나는 내 아들이 3대 독자가 아니길 얼마나 바랐었는데 말이다.

나는 술을 정말로 얼마나 많이 마셨는지 모른다. 나중에는 위에 염증이 생겨서 고생을 많이 했을 정도이었다. 결국 술은 허탈한 내 마음을 달래주는 위안이 아니라 독약이었다. 지금 생각하면 참 어리석은 짓이었다.

아버지가 돌아가신 후에 우리 집엔 큰 누님, 큰 매형이 들어와 함께 살게 되었다. 그 당시 큰 매형은 황해도 농장에서 근무하다가 해방이 되자 전주로 내려와 있었다. 처남이 어리니 큰 매형이 모든 집안일을 도와주었다.

우리나라가 해방이 되어 정부가 수립되자, 이승만 정부는 제일 먼저 토지 개혁을 단행했다. 우리 집은 모든 토지가 정부에 몰수되고 그 대신 지가증권을 받았다. 조금씩 분기별로 나누어서 주는 지가증권을 할인해서 팔아가지고 생활하자니 집안 살림살이가 무척이나 궁색했다.

나의 유년시절에는 있는 자나, 없는 자나 모두가 가난을 숙명으로 안고 살았다. 지금은 웰빙 음식으로 각광을 받는 호박 풀떼죽이나 쑥밥 등이 그 당시에는 사람 목숨을 살리는 음식이었다. 고향의 음식이라고 또는 옛날의 추억어린 전통음식이라고 TV에 광고하는 음식을 보고 있노라면 정말 세월의 무상함을 느낀다. 옛날에는 생명줄이 달린 먹거리들이 오늘날에는 그저 간식거리나 추억으로 먹는 옛 향수어린 음식이 되고 말았으니 말이다.

요즘 젊은 세대들은 음식의 소중함을 모른다. 밥알 한 알이 떨어져도 큰일이 난 것처럼 놀라서 주워 먹고, 남은 음식을 버리는 일은 벼락 맞을 짓으로 생각했던 것이 나의 어린 시절의 도덕률 이었다.

그런데 오늘날은 어떠한가? 대부분의 사람들이 밥술이나 먹는다고 너무 까불어댄다. 정말 복 받지 못할 일들을 서슴없이 한다. 국민소득이 3만 불, 4만 불하는 선진국의 사람들이 얼마나 근검절약하는가를 좀 배워야한다. 그 한 예로 영국의 불레어 수상이 몇 년 전에 헤어진 구두를 기워 신고서 모스크바 정상회담에 참석한 것이 보도 되었다. 우리 모두 느끼는 바가 있어야 한다.

있는 자의 검소한 생활은 얼마나 교훈이 되는 미덕인가. 부자로 소문난 나의 증조부도 밥상 앞에서 한 번도 반찬 타박을 하지 않고, 된장국 하나에 밥 한 그릇을 비웠다는 이야기를 나는 할머니를 통해서 여러 번 들었다. 옛 어른들의 이런 검소한 생활담을 우리 후손들이 귀감으로 삼았으면 좋겠다.

권경득(權庚得)

1940년 경진(庚辰)년에 전주(全州)에서 태어나 완주군 용진면 구억리에서 성장했다. (국립) 군산대학교 영문과 교수로 재직하면서 대학원장, 총장 직무대행, 미국 Southeast Missouri State University 교환교수, 대한영어영문학회장을 역임했다. 저서로는 William Faulkner의 문학 세계, 미국문학 개관 등이 있다.

시간아, 멈추어라

지은이 ｜ 권경득

초판 1쇄 발행일 2007. 7. 10
ISBN 978-89-5506-328-8

펴낸곳

도서출판 동인 / 펴낸이 · 이성모 / 주소 · 서울시 종로구 명륜동2가 237 아남주상복합Ⓐ 118호 / 전화 · (02)765-7145, 55 / 팩스 · (02)765-7165 / Homepage · www.donginbook.co.kr / E-mail · dongin60@chol.com / 등록번호 · 제 1-1599호

정가 10,000원

※ 잘못 만들어진 책은 바꾸어 드립니다.